AF590635

FRÉRON

OU

L'ILLUSTRE CRITIQUE

Imp. Delâtre Paris.

BIBLIOTHÈQUE ORIGINALE

FRÉRON

OU

L'ILLUSTRE CRITIQUE

SA VIE, SES ÉCRITS, SA CORRESPONDANCE
SA FAMILLE, ETC.

PAR CHARLES MONSELET

Frontispice à l'eau-forte avec portraits
PAR ED. MORIN

PARIS
CHEZ RENÉ PINCEBOURDE, ÉDITEUR
A LA LIBRAIRIE RICHELIEU
78, RUE RICHELIEU

M DCCC LXIV

FRÉRON

OU

L'ILLUSTRE CRITIQUE

I

VOYAGE A QUIMPER.

Je me trouvais à Quimper au mois de mai dernier ; c'est là que le souvenir de Fréron vint me frapper tout à coup. Fréron est né à Quimper, en effet ; cela ne doit pas surprendre : il ne fallait rien moins qu'un Breton pour la tâche de résistance que représente *l'Année littéraire*. Depuis longtemps, je m'étais proposé d'étudier cet homme, autour de qui s'est fait tant de bruit et se sont agitées tant de passions; ce projet me revint naturellement à l'esprit. Le deuxième jour de mon arrivée, je me rendis à la bibliothèque de Quimper et j'y demandai, sans croire beaucoup au succès de ma demande, les œuvres d'Elie-Catherine Fréron. Je savais l'indifférence de certaines villes de province pour leurs enfants. Eh bien, à ma surprise et à ma satisfaction, l'aide-bibliothécaire me conduisit devant une dizaine de rayons où s'étalait, en très-convenable état et à hauteur de main, la collection complète des trois cents volumes environ de *l'Année littéraire*.

Une fois à ce râtelier, j'y pris goût. J'étais comme bien des gens, je n'avais lu de Fréron que quelques numéros isolés. L'ensemble de son recueil, difficile à rencontrer, et la commodité où je me voyais de le consulter, gagnèrent pendant huit jours un habitué de plus à la bibliothèque de Quimper, qui dut m'en être reconnaissante. J'aime ces bibliothèques de province, calmes et propres comme des dortoirs de couvent, toutes parfumées de la bonne odeur des boiseries et des reliures, à peine hantées par quatre ou cinq lecteurs silencieux. Chaque matin, je m'installais dans celle-ci, par un clair soleil, seul à une table longue, à côté d'une écritoire en liége, ayant devant moi plusieurs tomes de mon auteur. D'abord un peu distrait, je m'enfonçais insensiblement dans les cercles de son enfer, m'arrêtant devant chaque damné, touchant du doigt et réveillant des rancunes seulement assoupies. Je n'avais eu jusqu'alors qu'une pitié instinctive, presque secrète, pour Fréron, pour ce vaincu du dix-huitième siècle. En feuilletant son immense répertoire, j'arrivai peu à peu à la sympathie. Qu'on ne s'étonne donc pas si ces pages, commencées en Bretagne et finies à Paris, ont parfois les allures d'un plaidoyer. Jamais homme n'eut tant besoin d'être défendu, jamais écrivain ne mérita mieux de l'être.

II

L'ABBÉ FRÉRON. — LE CHEVALIER FRÉRON. LA COMTESSE FRÉRON.

C'est dans la rue Obscure, aujourd'hui rue Impériale, que Fréron naquit en 1719. La rue Obscure, rebâtie à présent dans sa première moitié, devait alors son nom aux vieilles maisons dont les toitures rapprochées faisaient ombre sur son parcours. Le père et la mère de Fréron y avaient une boutique de joaillerie. Il me plaît de me représenter le polémiste de l'avenir en culottes bouffantes, en veste bleue à boutons blancs, avec les cheveux en mèches sur les épaules. On ne sait rien de son enfance, qui, à l'en croire lui-même, n'aurait été marquée par aucun trait vocationnel, — à moins qu'il ne faille considérer comme un signe irrévérencieux de prédestination la surveillance d'une bande de dindons, à laquelle ses parents l'avaient commis dans leur arrière-cour. Ce détail est de Fréron lui-même, et je conçois aisément qu'il ait suscité quelques froncements de sourcil parmi ses justiciables...

Le petit Breton de la rue Obscure fit ses études chez les Jésuites, et devint rapidement un de leurs brillants élèves. Je l'aperçois au collége de Clermont, condisciple du duc de Choiseul. Au collége de Louis-le-Grand il professe, et c'est tout au plus s'il a vingt ans. Pourtant, l'enseignement ne paraît pas être son fait, car il le quitte, et dit adieu aux Révérends Pères, — un adieu reconnaissant, quoi qu'on en ait pu écrire, et qu'il a toujours prouvé dans ses ouvrages.

Il garda pendant quelque temps le petit collet sans être abbé. C'était le ton alors, cela vous sortait du peuple.

S'il faut en croire Palissot (mais auquel croire parmi tous ces déchaînés?) Fréron aurait été sous-lieutenant d'infanterie (1).

(1) *La Dunciade*, nouvelle et dernière édition, an VIII, chez Lepetit. Voir aux notes du chant neuvième.

On veut aussi qu'il ait pris pendant quelque temps le titre de chevalier. Il n'y a rien d'impossible à tout cela. Cependant ses tâtonnements ne furent pas de longue durée, car on le voit à vingt et un ans faire sa visite à l'abbé Desfontaines et s'essayer dans son recueil périodique : *Observations sur les écrits modernes*. Je lui aurais souhaité un autre patron ; celui-ci avait un détestable renom dans le monde. Mais on doit convenir que, pour apprendre le journalisme, Fréron ne pouvait s'adresser mieux : l'abbé connaissait à fond tous les secrets et toutes les ressources de cet art nouveau ; le Normand ouvrit son sac au Breton, qui ne se fit pas faute d'y puiser. A quelque temps de là, l'abbé récompensait son jeune collaborateur par ce paragraphe des *Observations* : « M. Fréron est connu d'un grand nombre de personnes d'esprit et de lettres comme un jeune homme d'un goût sûr et parfait, d'une fine littérature, et surtout comme un excellent humaniste. Il consacre ses talens à l'histoire, qu'il étudie avec une extrême application depuis plusieurs années. Il a même entrepris un ouvrage très-considérable, l'*Histoire d'Allemagne*, qui manquait dans notre langue et qui, à en juger par ce qu'il m'a fait l'honneur de m'en communiquer, doit effacer tout ce qui a été écrit sur cette matière. Il contiendra de grandes recherches, jointes à une scrupuleuse exactitude et à une élégante simplicité de style. »

A coup sûr, de pareilles occupations ne sont pas le fait d'une jeunesse dissipée.

Lorsque Fréron se sentit assez fort, il créa tout seul un journal qu'il appela : *Lettres de la comtesse de* ***, titre bien mondain pour lui. Elles se transformèrent plus tard en *Lettres sur quelques écrits du temps*, et finalement en *Année littéraire*. Ces transformations et ces prises de possession ne s'accomplirent pas sans entraves. Comme il avait eu tout de suite le succès, il eut tout de suite la persécution. Il fut, à plusieurs reprises, tancé, dénoncé, menacé, suspendu ; on prétend même qu'il tâta un peu de Vincennes. Il ne se rebuta point : tout cela lui avait été prédit. Il se rompit à la lutte. Il se fit un style court comme une épée de combat. On le craignit du premier coup ; on craignit son impartialité, sa franchise, sa dialectique, son érudition ; sa modération même fut tenue pour suspecte, — et c'est pourtant cette modération qui est le caractère dominant de son œuvre. Il fut fort parce qu'il fut contenu. Aussi, quand on le relit aujourd'hui, ne comprend-on vraiment rien aux malédictions dont son époque l'a chargé. Ses critiques les plus malicieuses, et j'en fournirai bientôt des exemples, revêtent toujours une forme calme et désintéressée. Voilà ce qu'on ne sait pas assez, voilà ce que je cherche à établir. C'est à peine si, dans quatre ou cinq occasions, on le voit perdre la notion du bon goût. Et encore combien son sarcasme est arrêté ; et comme cela paraît tiède, anodin, timide, auprès de nos discussions d'à présent, brutales comme des trombes, et qui roulent dans leurs périodes enflammées la personnalité et l'invective !

Il n'avait pas été difficile, le premier jour, de connaître le but et les intentions du disciple, devenu l'héritier, de l'abbé Desfontaines. Son programme était bien simple : réagir contre les philosophes au nom de la religion et de la monarchie; ramener la littérature aux traditions sévères du XVIIe siècle. On peut refuser ses sympathies à ce double rôle, on n'en peut méconnaître ni la noblesse ni la grandeur. Du jour où Fréron l'accepta, il comprit qu'il devait rechercher l'appui de ses protecteurs naturels : le clergé lui était acquis à l'avance ; restait la cour à gagner. Tous ses efforts se tournèrent de ce côté-là. A défaut de Louis XV, inébranlable dans son insouciance systématique, il eut Marie Leckzinska; à défaut du roi, il eut la reine. Les philosophes avaient les favorites.

Fréron arriva à la reine par le roi Stanislas, son père ; Fréron, qui avait plus de souplesse que n'en annonçait son extérieur, fut pendant assez longtemps le commensal de la cour de Lunéville. Ces deux hautes protections, dès qu'elles lui furent acquises, ne lui faillirent jamais, en dépit des accusations et des calomnies dont il fut constamment l'objet. Il y a, ce me semble, dans ce fait, de quoi préserver suffisamment sa moralité, et c'est avec une certaine complaisance que je m'y arrête, avant d'entrer dans le récit des incroyables tortures de Fréron. J'ai besoin de m'appuyer sur ces deux témoignages, afin de n'être pas assailli moi-même par le doute, tant les imprécations que je m'apprête à traverser m'apportent de trouble par leur unanimité. Peut-on admettre qu'un roi aussi entouré que Stanislas ait été aveuglé sur le compte de Fréron ? Est-il possible d'imaginer que la religion de la reine de France ait été surprise, sa vie durant, par un homme que ses ennemis dotaient de tous les vices et de tous les crimes ? Cela n'est pas supposable. Les souverains sont mieux instruits qu'on ne veut le dire. Ni Stanislas ni Marie Leckzinska n'ont ignoré la funeste renommée de Fréron ; les rapports ne leur ont certainement pas manqué ; ils ont tout su, et ils n'ont rien cru. Eux aussi, ils y ont mis de l'obstination ; eux aussi ont été frappés de cette conscience et de ce courage. Ne soutenez pas que leur patronage fut un patronage banal, ou qu'il ne s'exerça que sous l'effet de l'importunité : nous verrons tout à l'heure Stanislas tenir sur les fonts baptismaux le fils de Fréron ; nous verrons Marie Leckzinska balancer à faire de Fréron son secrétaire des commandements. Ces publiques marques d'estime n'ont rien de commun avec une vague complaisance. Et n'y eut-il, dans tout le XVIIIe siècle ameuté, que ce roi et cette sainte demeurés fidèles à Fréron, c'en serait assez pour m'encourager à continuer mon œuvre de défense !

III

VOLTAIRE.

Dès que Fréron paraît, Voltaire se dresse. On ne le voit pas d'abord, mais on l'entend siffler. C'est, pour commencer, un petit compliment de condoléance à Marmontel : « Je n'ai pu empêcher qu'on fît devant moi la lecture d'une feuille qu'on dit qui paraît toutes les semaines, dans laquelle votre tragédie d'*Aristomène* est déchirée d'un bout à l'autre. Je vous assure que cette feuille excita l'indignation de l'assemblée, comme la mienne (1). »

Avec d'Argental, Voltaire est plus libre et en prend plus à son aise : « Pourquoi permet-on que ce coquin de Fréron succède à ce maraud de Desfontaines ? Pour-

(1) *Correspondance générale.* Paris, mai 1749.

quoi souffrir Rafiat après Cartouche ? Est-ce que Bicêtre est plein ? (1) »

Voilà le début.

Regardez ce ruisseau noir qui traverse la France et l'Europe, éclaboussant les gens sur son passage, sans cesse grossi, sans cesse bouillonnant, sans cesse fangeux : c'est la haine de Voltaire. Elle rejaillit sur les plus petits comme sur les plus grands, sur les plus infimes comme sur les plus glorieux; elle n'épargne ni le talent ni la sottise; elle ne s'arrête ni devant le malheur ni devant la mort. Jamais haine ne fut plus ardente, plus tenace, plus subtile, plus terrible ; elle veille toujours, elle s'inquiète toujours, elle agit toujours. Elle est infatigable. Elle laisse inachevé le conte ou le poëme, pour traiter Jean-Jacques Rousseau de vil scélérat et de polisson ; elle se relève après les soupers de Berlin, pour apprendre à l'univers que Maupertuis est malade d'un excès d'eau-

(1) *Correspondance générale.* Lunéville, 24 juillet 1749.

de-vie ; elle refait une à une les tragédies de Crébillon, en l'appelant insolent et misérable ; elle barbouille sur tous les murs la biographie mensongère de la Beaumelle ; elle rêve chaque jour de nouveaux supplices pour Fréron !

Je suis loin de sacrifier à la réaction contre Voltaire ; j'espère qu'on voudra bien m'épargner ce ridicule. A côté de la haine de Voltaire, il y a le génie de Voltaire, et ce génie n'est pas en cause ici. L'auteur de *Memnon* et du *Siècle de Louis XIV* est prodigieux, c'est entendu, et je ne conçois pas qu'il faille revenir sur certaine opinions générales. Il me confond, il me conquiert, il m'impose comme la Révolution ; mais de Voltaire comme de la Révolution je ne veux saluer que l'ensemble. Tapi dans sa Correspondance, je le vois, caillette gigantesque, s'enquérir auprès de tout le monde des faits et gestes de Fréron. Entre tous ses ennemis, Fréron est l'élu de son choix. C'est pour lui qu'il réserve ses fureurs les plus grondantes, c'est pour lui qu'il aiguise ses traits les plus acérés. Il l'attaque de toutes les manières, en prose et en vers :

L'autre jour, au fond d'un vallon,
Un serpent piqua Jean Fréron ;
Devinez ce *qu'il* arriva :
Ce fut le serpent qui creva.

Epigramme qui serait parfaite si elle ne renfermait une faute de français (1), et si elle n'était renouvelée de l'Anthologie pour la troisième ou quatrième fois.

Après l'épigramme, voici le petit poëme. J'ai nommé *le Pauvre diable*, triste chef-d'œuvre, dont la lecture laisse une impression de terreur et de honte.

Faut-il murmurer ici ces vers inspirés par le génie de l'atrocité ?

Enfin, un jour qu'un surtout emprunté
Vêtit à cru ma triste nudité,
Après midi, dans l'antre de Procope
(C'était le jour que l'on donnait *Mérope*),
Seul en un coin, pensif et consterné,
Rimant une ode et n'ayant point dîné,

(1) Averti par quelques puristes, Voltaire donna un nouveau tour au troisième vers :

Que pensez-vous qu'il arriva ?

Je m'accostai d'un homme à lourde mine,
Qui sur sa plume a fondé sa cuisine,
Grand écumeur des bourbiers d'Hélicon,
De Loyola chassé pour ses fredaines,
Vermisseau né du cul de Desfontaines,
Digne en tout sens de son extraction :
Cet animal se nommait Jean Fréron.

J'étais tout neuf, j'étais jeune, sincère,
Et j'ignorais son naturel félon;
Je m'engageai, sous l'espoir d'un salaire,
A travailler à son hebdomadaire,
Qu'aucuns nommaient alors patibulaire.
Il m'enseigna comment on dépeçait
Un livre entier, comme on le recousait,
Comme on jugeait du tout par la préface,
Comme on louait un sot auteur en place,
Comme on fondait avec lourde roideur
Sur l'écrivain pauvre et sans protecteur.
Je m'enrôlai, je servis le corsaire;
Je critiquai, sans esprit et sans choix,
Impunément le théâtre, la chaire,
Et je mentis pour dix écus par mois.
Quel fut le prix de ma plate manie?
Je fus connu, mais par mon infamie,
Comme un gredin que la main de Thémis
A diapré de nobles fleurs de lys,
Par un fer chaud gravé sur l'omoplate.
Triste et honteux, je quittai mon pirate,
Qui me vola, pour prix de mon labeur,
Mon honoraire en me parlant d'honneur.

Et si l'on demande pourquoi ce flot d'insultes, je répondrai : pour cinq ou six articles du journaliste, pleins de justes remarques, d'honnêtes conseils, et d'une raillerie toujours tempérée par la convenance. Un exemple va le prouver.

Une mauvaise comédie imprimée, portant le nom de M. de Voltaire, *la Femme qui a raison*, était parvenue sous les yeux de Fréron, qui en parla avec une sévérité parfaitement justifiée. Voltaire écrivit au *Journal encyclopédique*, non pour repousser la paternité de sa pièce, mais pour en désavouer l'édition, selon lui défigurée et publiée sans sa permission. Il se défend le plus qu'il peut du reproche de grossièreté et d'indécence (1). Cette lettre, qui a dû

(1) Plus tard, nous voyons Voltaire convenir, avec une étrange aisance, de la licence de cette comédie. Il adresse, le 16 septembre 1765, ses remerciements au maréchal de Richelieu, qui venait de faire jouer *Le Duc de Foix* à Bordeaux : « ...Je ne désespère pas, tandis que vous êtes en train, que vous ne ressuscitiez aussi *la Femme qui a raison*. On prétend qu'il y a quelques ordures, mais les dévotes ne les haïssent pas. »

lui coûter un certain effort de mesure, n'appartient encore qu'au style dédaigneux. « J'ai été assez surpris, dit-il (1), de recevoir, le dernier de décembre, une feuille d'une brochure périodique intitulée : *l'Année littéraire*, dont j'ignorais absolument l'existence dans ma retraite. » On sait ce qu'il faut penser de cette ignorance. Il ajoute : « Je me suis informé de ce qu'était cette *Année littéraire*, et j'ai appris que c'est un ouvrage où les hommes les plus célèbres que nous ayons dans la littérature sont souvent outragés. C'est pour moi un nouveau sujet de remerciement. Je dois dire en général, et sans avoir personne en vue, qu'il est un peu hardi de s'ériger en juge de tous les ouvrages, et qu'il vaudrait mieux en faire de bons. » Voilà, pour Voltaire, un point de vue bien banal et bien mesquin.

(1) Pas si surpris ! car trois semaines auparavant il mandait à Thiriot : « Je vous prie de m'envoyer par M. Bouret, ou par quelque autre, *la Femme qui a raison*, et la malsemaine dans laquelle Fréron répand son venin de crapaud. » (15 décembre 1759.)

Mais j'arrive au morceau le plus important de cette lettre, au paragraphe le plus gros d'étonnements et de révélations inattendues. Chaque mot mérite d'en être relu et pesé : « La satire en vers, et même en beaux vers, est aujourd'hui décriée ; à plus forte raison la satire en prose, surtout quand on y réussit d'autant plus mal qu'il est plus aisé d'écrire en ce pitoyable genre. Je suis très-éloigné de caractériser ici l'auteur de *l'Année littéraire*, qui m'est absolument inconnu. On me dit qu'il est depuis longtemps mon ennemi. A la bonne heure ! on a beau me le dire, je vous assure que je n'en sais rien. Si, dans la crise où est l'Europe et dans les malheurs qui désolent tant d'Etats, il est encore quelques amateurs de la littérature qui s'amusent du bien et du mal qu'elle peut produire, *je les prie de croire que je méprise la satire et que je n'en fais point.* »

N'est-ce pas qu'on est forcé de sourire, surtout si l'on songe que l'auteur de cette belle profession de foi vient de rimer *le*

Pauvre Diable, et a la plume levée pour écrire *l'Écossaise ?*

Fréron répliqua fort poliment. Au sujet de la question d'inimitié, il s'exprime de la sorte : « M. de Voltaire est trop judicieux pour penser, avec une foule de petits auteurs, qu'un critique est l'ennemi de ceux dont il censure les ouvrages ; c'est le refrain ordinaire et pitoyable de l'amour-propre blessé. On aurait dû plutôt dire à M. de Voltaire que je suis depuis longtemps son ami, car je l'ai beaucoup plus loué que critiqué. Mais je ne suis ni son ami ni son ennemi, n'ayant pas l'honneur de le connaître personnellement ; je suis son admirateur, son panégyriste et son critique. »

Eh ! c'est justement ce ton de courtoisie qui exaspère Voltaire ; c'est ce sang-froid constant qui le met hors de lui. Aussi, peu de jours après cet échange de lettres, il fait imprimer *l'Écossaise*, cette nouvelle vengeance.

Le Café, ou l'Ecossaise fut représenté à la Comédie-Française le 26 juillet 1760.

IV

PREMIÈRE REPRÉSENTATION DE *l'Ecossaise.*

(La salle de la Comédie-Française. — Foule orageuse. — Le parterre debout ; un garde-française, l'arme au bras, à chaque issue. — Six heures du soir.)

VOIX AU PARTERRE. — Holà ! reculez-vous, je vous prie. — Il est impossible de rien voir derrière une perruque de ce volume. — Quelles sont les personnes qui viennent d'entrer dans l'avant-scène des secondes ? — C'est, je crois, M. le comte et Mme la comtesse d'Argental. — Que de monde ! — Pourquoi ne commence-t-on pas ? — On étouffe.

CHEVRIER, *à un groupe de petits clercs.* — Ah ! vous voilà, mes amis ! vous êtes là... très-bien ! Je vais à l'amphithéâtre ; ne quittez pas les yeux de dessus moi.

LES PETITS CLERCS. — Oui, monsieur Chevrier.

L'ABBÉ DE LA PORTE, *de l'autre côté du parterre, à un groupe de Savoyards.* — Vous aurez chacun douze sous à la fin du spectacle, si vous n'oubliez aucune de mes recommandations.

LES SAVOYARDS. — Soyez tranquille, monsieur l'abbé.

UN QUIDAM, *à son voisin.* — L'affaire sera chaude, à ce qu'il paraît.

LE VOISIN. — Quelle affaire, s'il vous plaît?

LE QUIDAM. — Eh mais! vous ne savez donc pas que la pièce qu'on va jouer est de M. de Voltaire, quoiqu'elle soit annoncée comme une traduction de l'anglais?

LE VOISIN. — Excusez-moi, monsieur, j'arrive de Chartres, et je ne suis au courant de rien absolument. Ah! la pièce est de M. de Voltaire? J'en suis aise.

LE QUIDAM. — Et, de plus, elle est presque tout entière dirigée contre Fréron.

LE BOURGEOIS DE CHARTRES. — Fréron ?..... qui est ce Fréron ? Je ne crois pas le connaître.

Un Militaire. — Je vous en fais mon compliment, morbleu ! un pédant de collége qui mériterait d'avoir les oreilles coupées !

Un Abbé. — Un faquin qui décide impertinemment des productions d'autrui !

Un Pilier de café. — Un âne bâté !

Deux Femmes, *à l'amphithéâtre.* — Les hommes ne nous regardent guère aujourd'hui. Qu'est-ce que cela signifie ? Jamais cependant notre rouge ne fut mieux placé, et nous avons tous nos diamants. Y comprends-tu quelque chose, Cléophile ?

Cléophile. — Ma foi ! non... Jusqu'au marquis qui fait semblant de ne pas nous apercevoir !

Marmontel, *avec plusieurs Encyclopédistes, dans une loge grillée.* — Cela est impossible.

Grimm. — Je vous dis que rien n'est plus certain ; voyez vous-même, le voilà, lui Fréron, au beau milieu de l'orchestre.

La Harpe.— Fréron ici ? Le trait est incroyable.

Diderot. — C'est du courage !

La Harpe. — C'est de l'impudence !

Marmontel. —Il a l'air encore plus insolent que de coutume.

Diderot, *bas à Grimm.* — Marmontel ne lui pardonnera jamais la critique de ses tragédies. — Avec qui est Fréron ?

Grimm.— Avec Favart, je crois...

Marmontel. – Oui, et le petit Sautereau de Marsy, un de ses collaborateurs.

Une Grisette, *se plaçant aux troisièmes loges.* — Par ici, ma tante, par ici ! Monsieur est assez honnête pour vouloir bien se presser un peu.

Le Monsieur. — Je n'ai aucun mérite à cela, mademoiselle.

La Tante.— Faites excuse... Eh ! c'est M. Gervais, le chirurgien de la rue des Boucheries. Est-ce que tu ne connais pas monsieur, Manon ? Vous voilà donc ici, vous aussi ? Nous, ce n'est pas étonnant, parce que nous blanchissons plusieurs de ces messieurs de la Comédie. Est-ce qu'on vous a bien recommandé, comme à nous, d'applaudir aux beaux moments?

LE CHIRURGIEN.—Non; moi, je suis ici pour siffler.

LA TANTE. — Tiens! que c'est drôle! et on vous a donné un billet pour cela?

LE CHIRURGIEN. — Entendons-nous... pour siffler Fréron

LA TANTE. — Qui, Fréron? un comédien?

LA GRISETTE.—Ma tante, tu sais bien, c'est ce gros monsieur qui demeure rue de Seine, dans la maison de M. Lelièvre, le distillateur du roi.

LA POPELINIÈRE, *à Helvétius, dans une loge.* — Et vous dites qu'il est là?

HELVÉTIUS. — En personne, mon cher confrère; j'en demeure confondu.

LA POPELINIÈRE. — Quelle bravade! Nous aurons double spectacle, alors. La bonne nouvelle à annoncer à Thiriot! Il faudrait lui expédier un émissaire, pour qu'il écrivît sur le champ l'aventure à Voltaire.

HELVÉTIUS. — Thiriot, où est-il donc?

La Popelinière. —Je l'ai laissé à table, il boude les comédiens depuis qu'ils lui ont retiré ses entrées. — Avez-vous des renseignements sur la pièce nouvelle? Cela vaut-il quelque chose ?

Helvétius, *souriant.*— Si Voltaire vous entendait !

La Popelinière. — Eh ! eh ! le cher grand homme a la faiblesse de s'inquiéter de l'opinion d'un pauvre traitant tel que moi ; il me donne du Pollion dans ses lettres. Aussi je souhaite de tout mon cœur que son *Ecossaise* réussisse.

Helvétius. — Elle réussira ; nous sommes en nombre.

La Popelinière. — Je n'aperçois pourtant ni d'Alembert ni Duclos.

Helvétius. — Ils ne sont pas venus, et ils ne viendront pas. D'Alembert est trop fier pour paraître s'intéresser à l'exécution d'un faiseur de feuilles, et Duclos est trop circonspect. En revanche, vous voyez Sedaine au parterre. Quel mouvement il se donne ! Ne dirait-on pas qu'il se prend pour un Encyclopédiste ?

La Popelinière. — Vous ne m'avez pas répondu à ce que je vous demandais au sujet de la pièce ?

Helvétius. — C'est juste. Elle est imprimée depuis plusieurs mois, sous le nom d'un M. Jérôme Carré ; mais personne n'y a été trompé, grâce aux indiscrétions des familiers des *Délices*. Je n'en ai d'ailleurs rien retenu, si ce n'est que Fréron y est appelé Frélon et y joue un rôle pendable. Ces choses-là sont meilleures à voir qu'à lire.

Voix au parterre. — Quoi ! Fréron est dans la salle ? — Est-ce certain ? — Oui, oui... tenez, à l'orchestre... là ! — Laissez-moi le voir. — Il est vigoureusement bâti !

Favart, à *Fréron*. — Tous les regards sont dirigés sur vous. Vous avez eu tort de vous exposer aux brocards d'un public entièrement composé de vos ennemis.

Fréron. — Qui sait ? Attendons l'événement. Il est impossible qu'une telle rapsodie soit écoutée jusqu'à la fin. (*Favart hoche la tête.*) J'ai une opinion plus favorable du bon sens et du goût des Français.

FAVART. — Hélas ! Avez-vous eu connaissance de la *Requête aux Parisiens* qui a paru hier et qui a été répandue à profusion ?

FRÉRON. — Oui ; j'y ai vu que le nom de Frélon serait remplacé ce soir par celui de Wasp, qui en est l'équivalent dans la langue anglaise. Wasp ou Frélon, cela m'est fort indifférent. J'avais même engagé les comédiens à mettre *Fréron*, s'ils pensaient que cela pût contribuer au succès de la pièce. Ils étaient assez portés à m'obliger ; apparemment qu'il n'a pas dépendu d'eux de me faire ce plaisir.

SAUTEREAU DE MARSY. — Sept heures ! d'où vient qu'on tarde tant à commencer ? La police s'opposerait-elle à la représentation, ou les comédiens se sentiraient-ils pris de remords ? (*On frappe les trois coups.*)

FRÉRON. — Voici la réponse.

(La toile se lève au milieu du plus profond silence et laisse voir l'intérieur d'un café à Londres. Un homme seul, vêtu de noir, est assis auprès d'une table, sur laquelle il y a une écritoire et des plumes.

Il lit la gazette. — Des murmures sortis à la fois de plusieurs points de la salle semblent indiquer au public que c'est le héros de la comédie. Redoublement d'attention.)

WASP. — Que de nouvelles affligeantes! Des grâces répandues sur plus de vingt personnes! aucune sur moi! Cent guinées de gratification à un bas offfcier, parce qu'il a fait son devoir; le beau mérite! Une pension à l'inventeur d'une machine qui ne sert qu'à soulager des ouvriers! une à un pilote! Des places à des gens de lettres; et à moi rien! Encore, encore, et à moi rien! (*Il jette la gazette et se promène.*) Cependant je rends service à l'État, j'écris plus de feuilles que personne, je fais enchérir le papier... et à moi rien! Je voudrais me venger de tous ceux à qui on croit du mérite. Je gagne déjà quelque chose à dire du mal; si je puis parvenir à en faire, ma fortune est faite. J'ai loué des sots, j'ai dénigré les talents; à peine y a-t-il de quoi vivre. Ce n'est pas à médire, c'est à nuire qu'on fait fortune. (*Au maître du café.*) Bonjour, monsieur Fabrice, bonjour. Toutes les affaires vont bien, hors les miennes; j'enrage.

FABRICE. — Monsieur Wasp, vous vous faites bien des ennemis.

WASP. — Oui, je crois que j'excite un peu d'envie.

FABRICE. — Non, sur mon âme, ce n'est point du tout ce sentiment-là que vous faites naître.....

LE PARTERRE, *applaudissant.* — Très-bien! très-bien!

FRÉRON, *à Favart, en souriant.* — Le début promet.

LA HARPE. — En vérité, il n'y a que ce Voltaire pour savoir présenter un personnage.

L'ABBÉ DE LA PORTE, *à son groupe.* — Vous allez en entendre bien d'autres. Attention! (*La pièce continue.*)

WASP. — Voici un nouveau débarqué : c'est un grand seigneur sans doute, car il a l'air de ne se soucier de personne. Milord, permettez que je vous présente mes hommages et ma plume.

MONROSE. — Je ne suis point milord; c'est être un sot de se glorifier de son titre, et c'est être un faussaire de s'arroger un titre qu'on n'a pas. Je suis ce que je suis; quel est votre emploi dans la maison?

WASP. — Je ne suis point de la maison, monsieur; je passe ma vie au café; j'y compose des brochures, des feuilles; je sers les honnêtes gens. Si vous avez quelque ami à qui vous vouliez donner des éloges ou quelque ennemi dont on doive dire du mal, quelque auteur à protéger ou à décrier, il n'en coûte qu'une pistole par paragraphe. Si vous voulez faire quelque connaissance agréable ou utile, je suis encore votre homme.

MONROSE. — Et vous ne faites point d'autre métier dans la ville?

WASP. — Monsieur, c'est un très-bon métier.

MONROSE. — Et on ne vous a pas encor. montré en public, le cou décoré d'un collier de fer de quatre pouces de hauteur? (*Explosion d'applaudissements.*)

FAVART, *bas à Fréron, lui serrant la main.* — Mon ami... mon ami !...

FRÉRON, *très-pâle.* — Ce n'est rien. Ne vous affectez pas de cela. Voyez, je suis calme.

SAUTEREAU DE MARSY.—Quelle infamie!

FRÉRON. — Eh non! c'est le droit de la comédie.

CHEVRIER. — Pardieu ! la plaisanterie est divine ! Un collier de fer, c'est charmant. Ah ! ah !...

PLUSIEURS VOIX. -- Vivat pour le collier de fer !

CRÉBILLON FILS, *à Dorat.* — Adieu. (*Il se lève.*)

DORAT. -- Où allez-vous ?

CRÉBILLON FILS. — Je pars.

DORAT. — Déjà ?

CRÉBILLON FILS. — J'en ai assez. Je n'aime pas Fréron, mais ce spectacle me soulève le cœur. (*Il sort.*)

(L'acte s'achève. Le public est dans la plus vive agitation. On monte sur les banquettes, on cherche à voir Fréron.)

MARMONTEL. — Hum ! il me semble que l'auteur a la main un peu lourde.

DIDEROT. — Bah ! bah ! il faut exterminer tous les ennemis de l'Encyclopédie !

LA HARPE, *se penchant.* — Et ce Fréron qui ne bouge seulement pas ! Quand je disais qu'il avait un front d'airain !

FRÉRON, *à Favart.* — Allons, Voltaire

est en verve. Mais nous ne sommes encore qu'au premier acte. Comment continuera-t-il ce ton ? Après le carcan, je ne soupçonne vraiment pas ce qu'il pourra trouver. Le carcan est fort joliment imaginé, mais c'est ce qui s'appelle commencer par la fin ; c'est manger son dénoûment en herbe.

VOIX AU PARTERRE. — Chut ! chut ! Ecoutez ! (*Le deuxième acte commence.*)

LADY ALTON. — Gazetier littéraire , approchez ; m'avez-vous servie ? avez-vous employé vos correspondances ? avez-vous découvert quelle est cette insolente qui fait le malheur de ma vie ?

WASP. — J'ai rempli les volontés de votre grandeur : je sais qu'elle est Écossaise et qu'elle se cache.

LADY ALTON. — Voilà de belles nouvelles !

WASP. — Je n'ai rien découvert de plus jusqu'à présent.

LADY ALTON. — Et en quoi m'as-tu donc servie ?

WASP. — Quand on découvre peu de chose, on ajoute quelque chose ; et quelque chose avec quelque chose fait beaucoup. J'ai fait une hypothèse.

LADY ALTON. — Comment, pédant! une hypothèse?

WASP. — Oui, j'ai supposé qu'elle est mal intentionnée contre le gouvernement.

LADY ALTON. — Je ne le vois pas, mais je voudrais que la chose fût.

WASP. — Je ne le parierais pas, mais j'en jurerais. (*Rires.*)

FRÉRON. — Le trait est plaisant, mais Voltaire n'en a pas les gants : il l'a emprunté à une anecdote normande rimée par Piron.

LADY ALTON. — Voilà, je l'avoue, le plus impudent et le plus lâche coquin qui soit dans les trois royaumes. Nos dogues mordent par instinct de courage, et lui par instinct de bassesse. (*A Fabrice.*) Adieu, mon maître, vous êtes un honnête homme, vous, mais vous avez dans votre maison un vilain griffonneur!

FRÉRON. — Vilain griffonneur est faible et ne soutient pas l'énergie du reste du morceau. Qu'en dites-vous, mon cher Marsy?

Sautereau de Marsy. — Je dis que tout cela est absurde quand tout cela n'est pas révoltant.

Favart. — Dites que cela est l'un et l'autre à la fois.

Fréron. — Voilà de la sévérité, et l'on s'aperçoit aisément que vous n'êtes pas encore façonné au bon comique. Quel est ce nouveau personnage ?

FABRICE. — Ah ! Dieu soit béni ! vous voilà de retour, monsieur Freeport; comment vous trouvez-vous de votre voyage à la Jamaïque ?

FREEPORT. — Fort bien, monsieur Fabrice. J'ai gagné beaucoup, mais je m'ennuie. (*Au garçon de café.*) Hé ! du chocolat, les papiers publics ! On a plus de peine à s'amuser qu'à s'enrichir.

FABRICE. — Voulez-vous les feuilles de Wasp ?

FREEPORT. — Non. Que m'importe ce fatras ? Je me soucie bien qu'une araignée, dans le coin d'un mur, marche sur sa toile pour sucer le sang des mouches !....

Fréron, *prenant des notes.* — Bon ! tout à l'heure, j'étais un dogue; à présent, je suis une araignée. Les trois règnes y passeront.

FAVART. — J'espérais que les comédiens auraient eu la pudeur de faire des suppressions dans la pièce imprimée.

FRÉRON. — Que vous ne les connaissez guère ! Ils y auraient ajouté plutôt.

(Les mêmes transports accompagnent la fin du deuxième acte.)

LA GRISETTE DES TROISIÈMES. — Ah ! quel homme abominable que ce M. Wasp ! Je ne pourrai plus passer devant les écrivains du Charnier sans penser à lui.

LA TANTE. — Se peut-il qu'on ait voulu représenter le locataire de M. Lelièvre ?

LE CHIRURGIEN. — Oui, madame, je vous l'affirme, et encore les traits sont-ils beaucoup adoucis. — Mais j'entends la voix du limonadier ; permettez-moi de vous offrir, ainsi qu'à votre charmante nièce, uu verre de limonade.

LA TANTE. — C'est trop d'honnêteté, monsieur Gervais.

CHEVRIER, *dans le parterre*. — Eh bien !

cela se passe à merveille. Courage, mes amis! Il est temps de faire justice de cet avorton du Parnasse.

Un Poète. — Il a déchiré mon poëme, je serai sans pitié pour lui.

Un autre. — Il a sifflé mes héroïdes, je le sifflerai à mon tour.

Chevrier. — Sifflez Fréron, mais applaudissez *l'Ecossaise*!

Le Bourgeois de Chartres. — Moi, c'est aux malheurs de Lindane que je m'intéresse le plus. Ah! voici la toile qui se relève.

(On joue le troisième acte, où Wasp ne paraît point. Désappointement général.)

Grimm. — Diable! la pièce baisse.

La Popelinière. — Entre nous, la comédie de M. Jérôme Carré est singulièrement médiocre.

Helvétius. — Cinq actes, c'est beaucoup trop long.

Fréron, *à Sautereau de Marsy.* — N'avais-je pas raison de vous exhorter à la patience? Voyez comme l'action languit et comme le public s'en détourne ! Il n'y a là-dedans ni vraisemblance, ni liaison, ni intrigue, ni marche, ni chaleur. Sans moi, cela ne serait pas supportable.

UN HOMME DU PARTERRE. — Dites-donc, monsieur Sedaine, est-ce que je peux m'en aller ?

SEDAINE. — Veux-tu rester, butor, et montrer plus de zèle pour la philosophie, ce flambeau de l'univers !

DIDEROT. - Voltaire a broché cela en moins de huit jours ; il serait injuste de juger cet ouvrage aussi sérieusement que ses autres écrits.

LA HARPE. — Le quatrième acte va tout réparer ; Fréron ne triomphera pas longtemps, je vous le prédis.

AU PARTERRE. — Paix là !

(Le quatrième acte commence ; Wasp est en scène avec Fabrice et Freeport.)

FABRICE. — Je suis obligé de l'avouer, monsieur Wasp, si tout ce qu'on dit est vrai, vous me feriez plaisir de ne plus fréquenter chez nous.

WASP. — Tout ce qu'on dit est toujours faux. Quelle mouche vous pique, monsieur Fabrice ?

FABRICE. — Vous venez écrire ici vos feuilles : mon café passera pour une boutique de poison. (*Applaudissements.*)

FREEPORT. — Ceci mérite qu'on y pense, voyez-vous.

FABRICE. — On prétend que vous dites du mal de tout le monde.

FREEPORT. — De tout le monde, entendez-vous ? C'est trop.

FABRICE. — On commence même à dire que vous êtes un délateur, un fripon ; mais je ne veux pas le croire.

FREEPORT. — Un fripon, entendez-vous ? Cela passe la raillerie.

WASP. — Je suis un compilateur illustre, un homme de goût.

FABRICE. — De goût ou de dégoût, vous me faites tort, vous dis-je. (*Battements de mains redoublés ; trépignements.*)

WASP. — Au contraire, c'est moi qui achalande votre café ; c'est moi qui l'ai mis à la mode ; c'est ma réputation qui vous attire du monde.

FABRICE. — Plaisante réputation ! celle d'un espion, d'un malhonnête homme... (*Acclamations.*)

Le Parterre. - Oui! oui! à bas Wasp! à bas Frélon!

Favart, *à Fréron.* — Eh bien! mon ami?...

Fréron. — Eh bien! je boirai la ciguë jusqu'à la lie.

Sautereau de Marsy. — Le malheureux!

(Le silence se rétablit.)

Wasp, *à lord Murray.* — Monseigneur, permettez-vous que je vous dédie un tome?

Lord Murray. — Non, il ne s'agit point de dédicace. Vous m'avez rendu service sans le savoir. Je ne regarde pas à l'intention; on prétend que vous vouliez nuire et que vous avez fait du bien. Tenez, voici pour le bien que vous avez fait. (*Il lui donne quelques guinées.*) Mais si vous vous avisez jamais de prononcer le nom de Mlle Lindane, je vous ferai jeter par les fenêtres de votre grenier.

Wasp. — Grand merci, monseigneur. Tout le monde me dit des injures et me donne de l'argent, je suis bien plus habile que je ne croyais. (*Il sort.*)

L'abbé de la Porte, *à ses gens.* --Allons donc! ferme!

Voix nombreuses. — A bas Wasp! à bas Frélon!

Sautereau de Marsy, *à Fréron.* — Mon ami, votre supplice est fini : Wasp ne se montre plus dans la pièce.

Fréron. — C'est une faute, et je ne reconnais là ni l'habileté ni la méchanceté de l'auteur. N'importe ; voilà un triomphe que les amis de Voltaire essayeront de racheter bien cher dans l'avenir. Ce n'est pas moi qu'on immole en scène, c'est la liberté d'examen. A vouloir étouffer une voix, on risque un principe. Et il est heureux, croyez-moi, que cette attaque se soit ruée contre une volonté aussi énergique et une conviction aussi solide que la mienne. Sans cela, c'en était fait de la critique. Pour la première fois de ma vie, je ressens un mouvement d'orgueil et je me trouve au niveau de mon devoir. Quittez donc vos visages désolés, mes amis, et regardez-moi en face : les insultes de cet homme sont passées, et j'existe! le vent de sa haine a soufflé, et je suis debout! Ne croyez pas aux invectives ; elles n'ont jamais affirmé que l'impuissance de celui qui s'y abandonne. Les colères ont une fin, le droit est éternel. La représentation de *l'Écossaise* est finie ; à mon tour, maintenant.

FAVART.— Qu'allez-vous faire, Fréron?

FRÉRON. —Continuer. (*Il se lève et sort, accompagné des huées du parterre.*)

V

FRÉRON ET LES COMÉDIENS

En jouant *l'Écossaise*, les Comédiens-Français n'obéissaient pas seulement au ressentiment de M. de Voltaire; ils donnaient aussi satisfaction à leurs rancunes personnelles Fréron ne les ménageait pas; il leur disait sensément et nettement la vérité, ce qui est la chose que les comédiens aiment le moins à entendre. Ils furent donc charmés de ce succès, et ils représentèrent la pièce trois fois par semaine. Pendant ce temps, Voltaire en faisait imprimer une seconde édition, augmentée de la *Requête aux Parisiens*, et d'un *Avertissement* où il continue de parler au nom de Jérôme Carré. On n'en lira pas sans stupeur l'extrait suivant :

« Comme ce Fréron avait eu l'inadvertance de se reconnaître dans la comédie de *l'Écossaise*, le public le reconnut aussi. La comédie était sue de tout le monde par cœur avant qu'on la jouât, et cependant elle fut reçue avec un succès prodigieux. M. Jérôme Carré, au sortir du spectacle, fut embrassé par plus de cent personnes. « Que vous êtes aimable, monsieur Carré, « lui disait-on, d'avoir fait justice de cet « homme dont les mœurs sont encore plus « odieuses que la plume ! — Eh ! Messieurs, « répondit Carré, vous me faites plus d'hon- « neur que je ne mérite ; je ne suis qu'un « pauvre traducteur d'une comédie pleine « de morale et d'intérêt. » Comme il parlait ainsi sur l'escalier, *il fut barbouillé de deux baisers par la femme de Fréron.* « Que « je vous suis obligée, dit-elle, d'avoir « puni mon mari ! Mais vous ne le corri- « gerez point. »

D'aussi épouvantables plaisanteries se passent de commentaires.

Que faisait Fréron cependant ? Le croirait-on ? il retournait à la deuxième représentation de *l'Écossaise*, comme s'il avait voulu en appeler du public ivre au public à jeun. Cette nouvelle épreuve ne servit qu'à le convaincre de la puissance et de la ténacité de ses adversaires. Il essaya de prendre sa revanche sur son propre terrain, dans l'*Année littéraire;* mais là encore il se heurta contre les chicanes des censeurs, qui lui biffèrent sans pitié ses moindres badinages; son compte rendu de *l'Écossaise* sortit tout mutilé d'entre leurs mains. Tel qu'il est cependant, c'est une page charmante : on y voit le « Sénat philosophique » se réunir pour faire chanter un *Te Voltarium.* Je n'en finirais pas à raconter ce qu'il en coûta à Fréron de démarches et de lettres pour qu'on lui tolérât ce *Te Voltarium.* Il fut obligé de s'adresser à M. de Malesherbes, qui donna son autorisation en écrivant au censeur que « le pauvre Fréron était dans une crise qui exigeait quelque indulgence. »

De l'indulgence, pas davantage!

Si l'on consulte les registres de la Comédie-Francaise, on verra que *l'Écossaise* fit de grosses recettes. Il est vrai qu'elle était jouée à ravir, et par les meilleurs sujets : Préville faisait Freeport, Brizard faisait Fabrice; les rôles de Lindane et de

Polly étaient remplis par Mlle Gaussin et Mlle Dangeville.

Mais ce qui passe toute idée, c'est que, deux mois ensuite, en septembre, les Comédiens Italiens jouèrent sur leur théâtre *l'Écossaise*, mise en vers par un M. de la Grange.

Ah! j'allais oublier l'Opéra-Comique de la foire Saint-Laurent, qui, lui aussi, dans la même année, voulut avoir son *Écossaise* ou plutôt son *Écosseuse*, une parodie en un acte, écrite par Poinsinet, cette parodie humaine. Fréron y jouait son personnage, sous le nom de Moucheron, à côté de Fabrice, devenu Propice le gargotier, et de Freeport, devenu Francporc le marchand de bœufs. Lindane et lady Alton avaient été travesties en Marianne et en Jeanneton. Vous voyez que la parodie était aussi avancée alors que maintenant (1).

(1) Voltaire est aux aguets; vite un mot à Thiriot : « Si *l'Écosseuse* est plaisante, comme on me le mande, ayez la charité de la mettre dans le paquet, car il faut rire. » (Lettre du 23 septembre 1760.)

Ainsi tous les théâtres faisaient leur cour à Voltaire ; et Fréron, après avoir mérité le surnom de bête noire des philosophes, était en train d'acquérir celui de bête noire des comédiens. Pourtant, il avait droit à plus d'égards de la part de ces derniers : il leur avait rendu des services ; c'est à lui qu'ils durent de connaître l'existence d'un descendant de Corneille, et c'est par Fréron que ce descendant de Corneille se vit arraché à la misère. Plus tard, Voltaire demanda chez lui la fille de ce pauvre homme ; il la logea, lui fit jouer ses pièces et lui trouva un mari. Cela est fort louable assurément, mais cela n'empêche pas que si Voltaire avait découvert la fille, Fréron avait trouvé le père, et qu'il avait sollicité et obtenu pour lui une représentation à bénéfice. On a fait grand fracas de la belle action de Voltaire, on n'a pas soufflé un mot de celle de Fréron. Les détails de cètte histoire oubliée, j'allais dire inconnue, sont relatés dans l'*Année littéraire* du 20 mars 1760, — l'an de *l'Écossaise :*

« Jean-François Corneille, écrit Fréron,

malheureux dès le berceau, n'a pas même eu l'avantage de recevoir l'éducation la plus commune; il sait seulement lire et écrire. Il vivait à Evreux dans la misère et dans l'obscurité, lorsqu'on lui apprit qu'il avait dans M. de Fontenelle un cousin dont le nom était célèbre, et qui d'ailleurs pouvait par lui-même ou par son crédit changer sa triste situation. Il vint à Paris dans cette espérance; mais, par malheur, M. de Fontenelle était âgé de près de quatre-vingt-dix-sept ans; sa mémoire ne le servait plus avec fidélité. Jean-François Corneille s'annonça chez lui comme un petit-fils de Pierre Corneille. M. de Fontenelle et tous ceux qui l'entouraient crièrent à l'imposture, parce qu'ils confondaient Pierre Corneille le poëte, dont la postérité était éteinte, avec Pierre Corneille, avocat et secrétaire de la chambre du roi, grand-père, en effet, de Jean-François Corneille. Celui-ci, qui n'avait jamais lu les ouvrages de son oncle, ni même entendu parler de lui que vaguement, n'était pas en état de faire cette distinction. Il ne put donc détromper son parent, qui ne lui a fait aucun bien ni pendant sa vie, ni après sa mort. »

Fréron raconte l'existence déplorable que traîna pendant longtemps ce naïf rejeton d'un grand homme.

« Les secours qu'il avait reçus des généreuses héritières de M. de Fontenelle ne pouvaient soulager que pour un temps sa misère ; il retomba bientôt dans l'indigence ; il n'avait pour toute ressource qu'un emploi très-médiocre. M. Titon du Tillet, ce citoyen si noble, si vertueux, si sensible, gémissait de son infortune. Comme son âge et ses infirmités ne lui permettaient pas de faire des démarches, il me fit l'honneur de penser à moi, m'adressa M. Corneille, et me chargea d'imaginer quelque moyen de lui être utile. Il me vint dans l'esprit de solliciter pour lui une représentation d'une des pièces de son oncle. J'en parlai d'abord à deux ou trois comédiens, qui goûtèrent ma proposition. Je menai M. Corneille chez des personnes du premier rang et les plus propres à faire réussir mon dessein.... Lorsque je vis que tout était favorablement disposé, *je dictai à M. Corneille la lettre suivante*, qu'il fit tenir aux comédiens assemblés le lundi 3 de ce mois.... Le même jour, les Comédiens Français répondirent à M. Corneille; les termes de cette réponse leur font beaucoup d'honneur.

« Monsieur,

« Il nous serait difficile de vous peindre et notre surprise d'avoir ignoré jusqu'à ce moment qu'il existât un neveu du grand Corneille et notre satisfaction en apprenant cette nouvelle. Les acclamations les plus touchantes ont été d'abord les seuls interprètes de notre sensibilité. Revenus de ce premier trouble d'une joie imprévue, nous n'avons pas hésité un instant à vous accorder la représentation que vous souhaitez et qui vous est due à tant de titres. Mais permettez-nous, monsieur, de n'avoir aucun égard à votre généreuse discrétion. Vous vous êtes restreint à nous demander un mardi, un jeudi ou un vendredi. Nous

nous croyons obligés de vous céder un de nos beaux jours. Il a été décidé d'une voix unanime, dans notre assemblée, que nous représenterions lundi prochain, 10 de ce mois, à votre profit, la tragédie de *Rodogune*, un des chefs-d'œuvre de Pierre Corneille. Nous vous prions aussi, Monsieur, d'accepter pour toujours vos entrées à notre spectacle, d'y choisir votre place et de l'occuper le plus souvent qu'il vous sera possible. Nous devons au grand Corneille, à la nation, à nous-mêmes, ces témoignages, bien faibles sans doute, mais les seuls que nous puissions donner, de notre respect, de notre vénération, de notre gratitude pour le fondateur de la scène française. Un descendant de ce grand homme est en droit de tout exiger de notre reconnaissance. Nous vous supplions, monsieur, de la mettre à toute épreuve; vous ne l'affaiblirez ni ne l'épuiserez jamais; elle est aussi forte, aussi vive et aussi durable que les écrits de votre oncle immortel.

« Nous avons l'honneur d'être, avec

un profond respect, au nom de tous nos camarades, monsieur, vos très-humbles et très-obéissants serviteurs.

« DE BELLECOUR, LE KAIN, DUBOIS, BRIZARD, BERNAUT, BLAINVILLE, GAUSSIN, DROUIN, HUS, DE BONNEVAL, DURANCY, etc. »

« On ne peut donner, dit Fréron, qu'une bien faible image de la sensation vive excitée dans le public par le désintéressement des comédiens, qui non-seulement ont renoncé aux honoraires qui leur reviennent toutes les fois qu'ils jouent, mais encore ont pris sur eux tous les frais de cette représentation; par la générosité d'un grand nombre de particuliers, qui, pour une place de six livres, ont donné, les uns vingt-quatre, les autres quarante-huit, ceux-ci soixante-douze, ceux-là quatre-vingt-seize livres; une protectrice éclairée des lettres et des arts a envoyé dix louis à la *boëte*, sans faire prendre un seul billet. Plusieurs personnes qui ont des loges à l'année les ont ce jour-là payées au-dessus de leur prix, en faisant dire qu'elles ne les occuperaient pas et qu'on pouvait y laisser entrer des payants. Les danseuses même de la Comédie, qui ont une loge aux troisièmes, après avoir payé leurs places, les ont aussi abandonnées au public. Je ne vous dis rien de l'affluence de monde attirée à ce spectacle. La salle eût été remplie quand elle aurait été deux fois plus grande ; on a renvoyé plus de quatre-vingts carrosses, et dès trois heures il n'y avait plus de billets.. .. »

L'enthousiasme de Fréron ne laisse pas que de faire sourire, bien qu'il parte d'un sentiment respectable ; il est poussé si loin qu'après avoir réclamé le buste de Corneille pour la Comédie-Française, Fréron demande aussi celui de Voltaire. Vous ne le croyez pas ? rien de plus vrai pourtant : « Il serait agréable et glorieux pour la nation, dit-il, que notre théâtre par excellence fût décoré à perpétuité des bustes de nos grands auteurs dramatiques. Quel Français, quel étranger même n'aimerait pas à voir d'un côté Corneille et Racine, de l'autre Molière et Regnard ? On y placerait après leur mort MM. de Crébillon et *de Voltaire*, et tous ceux qui, comme eux, illustreraient la scène française. » Pour le coup, voilà de l'abnégation, et de la plus haute ; il y a là de quoi désarmer un adversaire moins irascible que Voltaire.

Fréron termine par quelques renseignements sur la fille de M. Jean-François Corneille : « Si le neveu de Corneille n'a pas les talents de son oncle, il en a les vertus. Comme eux il pense avec noblesse, et son âme est aussi sensible que la leur. Vous apprendrez avec plaisir, monsieur, l'usage qu'il a fait des cinq mille francs que lui a valus sa représentation. Il a commencé par payer ses dettes, et, sur ce qui lui est resté, il a mis une somme à part pour donner à sa fille, âgée de dix-sept ans, une éducation digne de sa naissance, de son sexe et de ses heureuses dispositions. Elle est entrée à l'Abbaye de Saint-Antoine, où elle aura pour se former les conseils d'une prieure vertueuse, aimable et polie, et les exemples de plusieurs demoiselles de condition comme elle. »

En voilà assez pour démontrer que Fréron était bon à quelque chose. Lorsque, huit mois ensuite, il apprit que la jeune pensionnaire avait fait ses paquets pour Ferney, il ne put retenir cette exclamation : « Il faut avouer que Mlle Corneille va tomber en de bonnes mains ! »

VI

LA CLAIRON

On comprend que la représentation de *l'Écossaise* n'avait pas dû augmenter les bonnes dispositions du critique pour les Comédiens-Français. Entre tous, Mlle Clairon s'était donné un mouvement extrême pour faire réussir la pièce, bien qu'elle n'y jouât pas. Fréron s'en souvint à l'occasion. Dans un de ces articles allusifs où il excellait, il trouva le moyen de blesser au vif l'irritable tragédienne. Elle n'était pas nommée, mais tout le monde la reconnut. Médée alla jeter feu et flammes auprès des gentilshommes de la chambre, menaçant de se retirer du théâtre si on ne faisait pas justice sur-le-champ de ce *vil pamphlétaire*. Dans cette alternative, ces messieurs n'hésitèrent pas; il leur parut tout naturel de demander à M. de Saint-Florentin un ordre d'incarcération au For-l'Évêque pour le rédacteur de l'*Année littéraire*. Un exempt se présenta au domicile de Fréron. Il le trouva en proie à une attaque de goutte. C'était un exempt doué de quelques entrailles, il se retira. Des amis obtinrent un sursis de quarante-huit heures, pendant lesquelles ils agirent activement. L'abbé de Voisenon, entre autres, courut chez le duc de Richelieu, dont il était fort aimé. — « La grâce de Fréron? dit le duc, c'est la seule chose que je me croie obligé de vous refuser. — Mais encore?... — Qu'il s'adresse à Clairon! » Cette réponse, rapportée au journaliste, faillit faire remonter sa goutte. — « Demander grâce à Clairon! s'écria-t-il; je ne veux point d'un pardon si flétrissant! Aux carrières! conduisez-moi aux carrières! »

Besoin fut d'aller jusqu'à la reine, qui donna immédiatement des ordres pour faire cesser ce scandale. La Clairon en suffoqua à son tour. Elle écrivit aux gentilshommes de la chambre pour leur annoncer sa démission, se fondant sur le sentiment douloureux qu'elle éprouvait de voir que ses talents n'étaient plus agréables au roi, puisqu'il la laissait avilir impunément. La démission de la Clairon était chose grave, et le duc de Choiseul éprouva le désir d'en causer avec elle. Il la fit mander. Melpomène eut, dit-on, de belles larmes, des accents tour à tour pathétiques et indignés. Elle répéta ses griefs et maintint ses conclusions.

Les paroles pleines d'esprit et de bon sens du ministre ont été conservées :

« Mademoiselle, lui dit-il, nous sommes, vous et moi, chacun sur un théâtre, mais avec la différence que vous choisissez les rôles qui vous conviennent, et que vous êtes toujours sûre des applaudissements du public. Quelques gens de mauvais goût, comme ce malheureux Fréron, sont les seuls qui vous refusent leurs suffrages. Moi, au contraire, j'ai une tâche souvent très désagréable : vainement je fais de mon mieux, on me critique, on me condamne, on me hue, on me bafoue, et cependant je ne donne point ma démission. Immolons, vous et moi, nos ressentiments à la patrie, et servons-la de notre mieux, chacun dans notre genre. D'ailleurs, la reine ayant fait grâce, vous pouvez, sans compromettre votre dignité, imiter la clémence de Sa Majesté. »

La Clairon ne trouva rien à répondre à cet élégant persiflage. Elle se contenta d'une révérence grosse de tempêtes ; mais rentrée au tripot (style Voltaire), elle assembla tous ses camarades pour les engager à se retirer comme elle. Il paraît qu'elle en décida quelques-uns, car les cahiers d'alors nous montrent le duc de Richelieu aux abois et M. de Saint-Florentin très-perplexe. Jamais affaire n'emprunta autant de gravité aux yeux de ce dernier ; et, malgré son profond respect pour la reine, il se crut obligé de présenter un rapport au roi et de prendre ses volontés. Heureusement la reine finit par l'emporter, — et Mlle Clairon rentra au théâtre.

Voici la lettre par laquelle fut terminé ce débat inouï :

« *A monsieur le maréchal de Richelieu.*

« Versailles, le 9 mars 1765.

« Sur les plaintes que vous aviez, monsieur, portées de ce qui était contenu dans les lettres du sieur Fréron, Sa Majesté m'avait ordonné d'expédier un ordre pour l'envoyer au For-l'Évêque ; l'exécution avait été suspendue à cause de l'état de maladie dans lequel le sieur Fréron se trouvait. Mais comme il m'a écrit depuis que son intention n'avait jamais été d'avoir voulu attaquer personne de la Comédie en général et en particulier ; *que, d'ailleurs, il a fait agir les plus respectables protections* pour obtenir grâce, Sa Majesté a bien voulu que l'ordre pour le mettre en prison n'ait pas lieu, quoique son intention soit que personne, et surtout celles qui lui appartiennent, puissent être attaquées dans des écrits publics. C'est ce que je ferai entendre au sieur Fréron, de manière à lui faire sentir que, s'il retombait dans une pareille faute, il encourrait la disgrâce de Sa Majesté.

« J'ai l'honneur d'être, etc.

« SAINT-FLORENTIN. »

VII

FRÉRON DANS LA VIE PRIVÉE.

Il est temps, je crois, après toutes ces violences et toutes ces persécutions, que j'entre dans quelques détails sur les mœurs et les habitudes de Fréron, si je ne veux risquer de voir mes lecteurs, ébranlés par tant d'attaques, se ranger à la fin du côté de ses ennemis. Fréron, dans sa vie privée, était-il tout à fait ce maraud, ce brigand, cette canaille, ce chien fessé, ce gibier de galère dont parle Voltaire à chaque instant? A entendre cette voix persistante, on serait tenté de se le figurer comme un cuistre sordide, sans feu ni lieu, vivant de croûtes et d'infamies. On se tromperait étrangement.

Fréron était un joyeux compagnon, menant grand train et faisant bombance. Autant Voltaire était maigre, autant Fréron était gras. Il avait appartement de ville et maison de campagne. L'appartement de ville était situé rue de Seine, comme il a été dit; Pidansat de Mairobert prétend y avoir vu pour trente mille francs de dorures. La maison de campagne était à Montrouge; il lui avait donné le nom de *Fantaisie ;* — presque tous ses autographes sont datés de Fantaisie ; — il était le voisin de l'abbé de Voisenon, plaisamment appelé *l'évêque de Montrouge.* Cette résidence exigeait une voiture, Fréron l'avait. La Harpe lui attribue, à un certain moment, vingt mille livres de rente, et *l'Espion Anglais* quarante mille.

Nous voilà bien loin du *grenier* de *l'Écossaise.*

Fréron était marié et père de famille. Il avait épousé sa nièce après l'avoir, dit-on, tirée de la condition la plus humble. S'il fallait s'en rapporter à une abominable brochure de l'époque, il aurait d'abord vécu avec elle scandaleusement. Le fait est peu probable, si l'on veut considérer que le roi de Pologne voulut bien être le parrain d'un de ses enfants, — Stanislas

Fréron, — destiné, lui aussi, à jouer un rôle bruyant.

La brochure en question a pour titre : *Anecdotes sur Fréron, écrites par un homme de lettres à un magistrat qui voulait être instruit des mœurs de cet homme.* Elle fut envoyée manuscrite à Voltaire, en 1760, par Thiriot, et répandue peu de temps après, imprimée, dans le public. On l'attribua aussitôt à Voltaire, qui en accusa effrontément La Harpe. Il n'existe rien de comparable à cet ignoble libelle, dont on fit trois réimpressions en dix ans. Fréron y est accusé de toutes les gentillesses capables de conduire un homme à l'échafaud.

Par bonheur pour lui, ses protecteurs étaient plus intelligents que ses calomniateurs. Voltaire a beau écrire en grinçant des dents : « Dites à Protagoras qu'il se trompe grossièrement, pour la première fois de sa vie, s'il pense que M. le duc de Choiseul protége les *Polissots* et les *Frélons*, au point de prendre leur parti contre des hommes qu'il estime. Il les a protégés en grand seigneur tel qu'il est ; il leur a donné du pain ; mais il est si loin de prendre leur parti qu'il trouvera fort bon qu'on les assomme de coups de canne (1). » Outre qu'il se serait présenté peu de gens pour donner des coups de canne à Fréron, la vérité est que le duc de Choiseul lui confiait la révision et la rédaction de certains travaux ; Fréron était pour lui quelquefois un secrétaire précieux. J'en trouve la preuve dans une lettre autographe de ce dernier : « Dans le temps que je me disposais à partir pour la Bretagne, il m'est survenu des ouvrages de surérogation que je n'ai pu refuser, entre autres un Mémoire important auquel s'intéresse M. le duc de Choiseul, et que lui-même a dit qu'on m'apportât pour y mettre de l'ordre et du style. Je suis très-occupé de ce Mémoire, qui ne sera fini que demain ou après-demain (2). »

La plume de Fréron était très en crédit auprès des gens de cour, car, dans la même

(1) A M. Thiriot. Tournay, le 7 juillet 1760.
(2) Lettre publiée par M. Du Chatellier.

lettre, il ajoute que ses *occupations extraordinaires* lui rapportent autant et quelquefois plus que son travail périodique. « Mon voyage de l'année dernière, dit-il, et ma maladie m'ont fait perdre plus de trois cents louis d'or. »

Commence-t-on à être un peu plus rassuré sur le sort et sur les relations de ce pauvre diable ?

Il parle aussi de deux voyages consécutifs à Versailles, qu'il a faits dans l'été de 1766, pour présenter ses hommages à la reine et à Mme la Dauphine.

Il comptait parmi ses collaborateurs à *l'Année littéraire*, avoués ou anonymes, les personnes les plus honorables. Le clergé l'accueillait, cela va sans dire, et beaucoup de gens du monde faisaient comme le clergé. Ceux qui ne le connaissaient que par sa réputation étaient agréablement surpris de rencontrer un homme d'excellentes manières et d'une conversation particulièrement bienveillante. Il fut conduit un jour chez la présidente d'Aligre, qui s'en faisait une idée horrible, et, sans lui apprendre son nom, il la captiva absolument pendant une heure ou deux par sa parole tour à tour enjouée, spirituelle et éloquente. Quand il lui dit qui il était, elle se fâcha presque ; mais, revenant bientôt : « Fréron ou le diable, s'écria-t-elle, qui que vous soyez, vous êtes charmant ! »

Cochin a donné de Fréron plusieurs beaux portraits, tous en profil. La tête répond bien à l'idée qu'on se fait de l'homme : elle est solidement construite et rejetée en arrière comme par un mouvement de défi ; le front est plein de bosses, le nez aquilin, et carré à son extrémité. La bouche offre deux caractères : la lèvre supérieure est fine, très-fine, tandis que la lèvre inférieure est épaisse, commune, avançante. Quant au menton, il appartient à la série dite des mentons de galoche, indice certain d'obstination ; Fréron et Voltaire se ressemblent par le menton. Le cou est tout en chair et rebondit sur la cravate. En résumé, c'est un ensemble un peu dur, et j'ajouterais un peu pédantesque, si l'œil ne sauvait tout. Cet œil n'est ni grand ni vif, mais, dans l'arrangement avec le sourcil, j'y lis l'expression légèrement voilée d'une tristesse, quelque chose d'inquiet et que je comprends bien. Fréron est d'ailleurs coiffé avec soin, à trois rouleaux poudrés, la bourse s'étalant sur des épaules larges.

Au bas d'un de ses portraits, on lit le quatrain suivant :

> Du mauvais goût censeur inexorable,
> De l'ignorance il dédaigne les cris;
> Sa plume aux écrivains l'a rendu redoutable,
> Et son cœur cher à ses amis.

Les amis de Fréron? Oui, certes, il en avait. Un des plus dévoués était ce jeune et intéressant Gilbert, qui lui avait dédié sa belle *Satire du Dix-huitième siècle* et qui faisait cause commune avec lui contre les encyclopédistes. Les autres... il suffira de dire que Fréron tenait table ouverte comme un fermier général, et que ses soupers étaient très-vantés. Une pointe de licence les animait, au dire des chroniqueurs. « C'étaient une profusion, un désordre, un gaspillage incroyables ; il est vrai que rien n'était si gai que ces soupers. J'ai vu quelqu'un qui a été pendant longtemps un convive assidu de ces orgies, et qui avoue que c'est le temps le plus heureux de sa vie (1). » Poinsinet y fut en butte à une de ces mystifications qui l'ont autant illustré que ses ouvrages.

Au fait, pourquoi n'égayerais-je pas mon petit livre du récit de cette anecdote ? Elle n'est pas dans le ton de la bonne compagnie, j'en conviens; mais voyons, nous sommes entre bibliophiles; la porte est bien close; copions ces pages de *l'Espion Anglais*, et prenons-les pour ce qu'elles valent :

« Palissot, qui travaillait alors à *l'Année littéraire*, se rendit un jour chez Poinsinet, pour l'inviter de la part de Fréron à ses festins, *les plus délicieux de Paris*. Le petit Poinsinet, enchanté, se rengorge et ne demande pas mieux. Le jour est pris : le matin, Palissot arrive chez lui, l'œil morne, la figure allongée; il lui annonce que

(1) *L'Espion Anglais*, tome III, p. 112.

Fréron est bien malade, qu'il est mourant, mais qu'il n'en veut pas moins que le souper ait lieu; qu'il prétend lui remettre le sceptre de la critique et le déclarer son successeur, en présence de toute la société. Tant de tendresse et une si profonde connaissance de ses talents font couler des larmes de tristesse et de joie des yeux du journaliste futur. Il promet de se rendre à la lugubre cérémonie; il arrive, conduit par son introducteur. Dès qu'on nomme M. Poinsinet, tout le monde se lève et témoigne pour sa personne la plus grande vénération. Il était nuit alors; la chambre, comme celle d'un malade, était très-faiblement éclairée; il a peine à distinguer personne; tout marquait la consternation. Il approche du lit du mourant; un médecin (1) lui tâtait assidûment le pouls et annonçait qu'il n'avait plus longtemps à vivre. Un bruit sourd

(1) Un nommé La Coste, qui en faisait le rôle; personnage très-plaisant par son sérieux. On le dit auteur d'une espèce d'*Histoire d'Espagne* qui l'a fait mettre à la Bastille.

part en roulant : le docteur explique au candidat ce langage ; il dit que M. Fréron lui témoigne sa sensibilité de le voir. Le cœur du jeune poëte se serre ; il s'attendrit, et exprime autant qu il peut sa reconnaissance. Il regardait le visage du moribond, il n'y trouvait aucun vestige de forme humaine. « — En quel état déplorable est réduit ce grand critique en si peu de temps ! dit-il à l'oreille du médecin. — C'est une érésipelle hémorroïdale, réplique celui-ci, accompagnée d'un hoquet ; c'est une bouffissure épouvantable ; ses yeux, son nez ont disparu ; sa langue, embarrassée, ne peut plus rendre que des sons inarticulés. Je puis seul les expliquer, par la grande habitude que j'ai eue avec lui, et surtout par celle de voir des malades de cette espèce ; mais la tête est très-saine. »

« De temps en temps, il partait quelques sifflements[1], que l'interprète lui rendait : c'étaient toujours des choses obligeantes pour M. Poinsinet, qui, navré de douleur, ne répondait que par ses soupirs. Enfin, après quelques minutes de cette conversation entrecoupée, des sons plus profonds s'étant fait entendre, l'esculape témoigne au poëte que le malade, se sentant défaillir, veut l'embrasser, lui donner l'accolade, et le faire reconnaître pour l'héritier de son talent à tous les spectateurs. L'héritier désigné se courbe, et mouille de ses pleurs les joues du moribond, singulièrement gonflées. « — Illustre critique! s'écrie-t-il, puissé-je remplir dignement l'emploi que vous me confiez! puissé-je mériter les suffrages de la respectable compagnie! puisse votre dernier souffle, passant dans mon âme, y transmettre ce génie puissant qui vous animait! » Pendant qu'il prononçait ces paroles, tout le monde l'avait entouré; une très-grande clarté s'était répandue dans l'appartement, et un rire général ayant éclaté de toutes parts, le mystifié se doute de quelque tour. On approche les lumières, il regarde, il voit..... Et quoi? le cul de Fréron qui était encore arrosé de ses larmes. Celui-ci se lève à l'instant; il l'embrasse cordialement, et du bon côté. « — C'en est fait, lui dit-il, grand poëte!

nous voilà liés d'une amitié éternelle ; vous êtes des nôtres. Pardonnez cette plaisanterie à un usage établi parmi nous : il n'est point d'initié qui ne subisse une pareille épreuve. Purifiez-vous les mains et le visage, et allons nous mettre à table (1). »

Je vous avais prévenu, lecteur.

Une bonne humeur si constante, jointe à un tel luxe, était bien faite pour offusquer les philosophes. Leur ennemi vivait comme eux ! leur ennemi soupait comme eux ! leur ennemi hantait les grands seigneurs comme eux ! Cela les déroutait complétement. A force de chercher, ils trouvèrent dans cet ordre de choses une arme de plus contre lui ; ils l'accusèrent, sans que Fréron trouvât précisément à se défendre, d'un penchant assez décidé pour le vin. Si c'est pour le bon vin, le péché n'est pas sans miséricorde. Les fameuses *Anecdotes* reviennent sans relâche sur ce point. Chevrier, dans son *Colporteur*, et Du Laurens, dans ses poëmes, Chevrier et Du

(1) *L'Espion Anglais*, tome III, pages 125 et suivantes.

Laurens, ces deux bas comparses de la philosophie, en font le texte perpétuel de leurs sarcasmes immondes (1). Palissot lui-même cède à l'exemple, et versifie :

> C'est bien à toi, Zoïle hebdomadaire,
> Ivre d'orgueil encor plus que de vin,
> D'oser fixer le rang d'un écrivain !
> Va, si tu peux, recommencer à boire,
> Mais ne crois pas distribuer la gloire.

Voltaire n'est pas le dernier à arriver dans ce chœur : « L'âne d'Apulée mangeait

(1) S'il fallait absolument donner une idée des monstruosités vomies contre Fréron par ces démons subalternes, je choisirais un extrait du *Colporteur.* Dans cette diatribe générale, l'auteur imagine que Fréron loue son appartement pour des rendez-vous ; et, après avoir esquissé une scène scandaleuse, il l'introduit ainsi : « La comtesse jeta les hauts cris et demanda du secours. Fréron, qui était au-dessous, fut attiré par le bruit, et il entra dans la chambre. M. de... se jeta sur lui et le laissa presque mort sur place ; ses plaintes firent connaître au comte qu'il s'était mépris, et après avoir fait venir une lumière, il reconnut le héros de *l'Ecossaise* expirant sur le plancher. » — Eh quoi ! c'est toi, faiseur de feuilles ? lui dit le comte étonné. — Eh ! oui, monseigneur ; voyez dans quel état vous venez de me mettre ! C'est après-

des roses, l'âne de Fréron s'enivre ; chacun se console à sa façon ; je plains seulement son cabaretier. » J'ignore quelle malice Voltaire entendait par ces derniers mots ; mais, à son insu peut-être, il mettait le doigt sur une des plaies de sa victime. Fréron avait eu longtemps maille à partir avec un cabaretier ou une cabaretière, au

demain le vingt du mois ; que dira le libraire Lambert, si je ne lui délivre pas ce soir le paquet d'injures que je lui vends tous les dix jours ? ma femme est grosse, n'importe de qui ; j'ai quatre enfants ; où prendre du pain ? On ne mange point ici avec l'honneur, et quand cela ferait vivre je n'en mourrais pas moins de faim ; il faut donc, pour soutenir ma famille, que je devienne coquin par besoin ; il vaut mieux l'être dans mon grenier que sur les grands chemins, et j'aime mieux être Fréron que Mandrin. — Va, répliqua le comte, l'un vaut l'autre ; lève-toi, voilà dix écus, fais-toi panser. — Reviendrez-vous demain, monseigneur ? lui demanda l'effronté écrivassier. — Non, répondit le comte ; mais si tu veux que je te laisse aujourd'hui avec un bras de moins pour la même somme, tu peux parler ; tu ne perdras rien à ce marché, et le public y gagnera sûrement. » Fréron, satisfait de sa journée, descendit comme il put, et *s'enivra le soir même avec les amis de sa femme.* »

sujet d'un panier de vin qu'il se refusait à payer, et cette contestation avait duré *huit ans*. Les archives générales du royaume conservent pieusement (ne riez pas!) les pièces de ce différend, lesquelles consistent en une lettre de Fréron et en son interrogatoire par-devant un commissaire au Châtelet. La lettre est adressée à un M. Duché, à qui il avait marié sa sœur; j'en détache les passages les plus saillants, bien qu'ils jettent une teinte de grotesque sur Fréron, et qu'ils le montrent aussi dévoré de polémique à l'intérieur qu'à l'extérieur; mais je ne me suis pas engagé à tout approuver dans mon personnage.

« *A Monsieur Duché, maître de musique, rue de l'Ancienne-Comédie.*

« Il faut que vous soyez bien effronté, bien consommé dans l'imposture, pour m'oser dire que je dois quelque chose à Mme Gauthier. Mais cela ne m'étonne pas de votre part : vous êtes un ingrat et vous l'avez toujours été. Avez-vous oublié, malheureux, ce que vous êtes; que vous n'aviez ni habits, ni linge, ni bas, ni souliers, quand mon aimable sœur s'est amourachée de vous? Votre mémoire ne vous rappelle-t-elle plus que vous m'avez usé plus de deux douzaines de chemises, plus de vingt paires de bas, et que votre grand chagrin était de ne pouvoir mettre mes souliers, parce que la nature vous avait doué d'un pied trop énorme?...

« Il m'a fallu vous équiper de pied en cap et vous nourrir pendant trois ans, bêtise que j'ai eue et que vous êtes bien fâché que je n'aie pas encore; voilà la source de toutes les horreurs que vous me faites. Mais quand j'aurais les dix mille livres de rentes que ma sœur a écrit à ma mère que j'avais, quand j'aurais même cent mille écus de rente, ne comptez plus sur moi, j'ai passé l'âge d'être dupe, et vous avez bien fait de profiter de mon imbécillité. Vous me coûtez, vous et votre femme, plus de douze mille francs. Je paye pour vous les mille quarante-quatre livres de Mme Didier, que vous avez reçues et mangées ; je paye cent écus de pain au boulanger ; je paye douze cents francs à M. Martin, dont il y en a au moins six cents pour ma noire sœur. J'ai payé des cafetiers, des rôtisseurs, des tailleurs de cors, que sais-je ? J'ai presque oublié mes bienfaits aussi bien que vous. Je vous ai laissé mes meubles, qui valaient mille écus au moins. Vous étiez un pauvre petit maître de musique qui ne gagnait pas dix francs par mois. Je vous ai trouvé des écoliers, je vous ai mis à même de gagner votre vie ; etc., etc.

« Pour en venir à Mme Gauthier, la marchande de vin, soyez persuadé, mon cher et très-cher beau-frère, que je ne lui dois rien, et que je ne lui payerai pas une obole de ce qu'elle me demande si ridiculement ; etc., etc., etc. »

La lettre a quatre pages sur ce ton, et elle est datée du 7 mars 1754. Le 1er juin suivant, Fréron fut mandé au Châtelet, et interrogé par M. Miché de Rochebrune, commissaire enquesteur. Voici les points principaux de son interrogatoire :

« 3. — Interrogé s'il connaît la demoiselle Gauthier, de l'Abbaye, depuis quel temps et à quelle occasion :

« A dit qu'il connaît la demoiselle Gauthier depuis dix à douze ans, à l'occasion de plusieurs bourses de cheveux qu'il lui a achetées.

« 4. — Interrogé s'il n'a pas tenu avec elle sur les fonts de baptême de la paroisse Saint-André-des-Arts, au mois d'octobre 1746, l'enfant du sieur Duché, son beau-frère :

« A dit que oui.

« 5.— Interrogé si dans ce temps il n'habitait et ne mangeait point avec le sieur Duché, son beau-frère, rue Christine; si leur ménage était commun, ou s'il n'était que pensionnaire dudit sieur Duché :

« A dit qu'il demeurait alors chez ledit sieur Duché, dont il était pensionnaire à raison de douze cents livres par an.

« 6. — Interrogé s'il n'a pas chargé la demoiselle Gauthier, sa commère, de demander du vin pour le repas du baptême audit sieur Gauthier, demeurant pour lors rue Dauphine :

« A dit qu'il n'a aucune connaissance de ce fait.

« 7. — Interrogé si le sieur Gauthier n'envoya pas deux bouteilles pour essai, et si ledit sieur Fréron n'en goûta pas lui-même *et le trouva bon* :

« A dit qu'il n'a pareillement aucune connaissance dudit fait.

« 8. — Interrogé si le sieur Gauthier ne fournit pas tout le vin du repas du baptême :

« A dit que, ne sachant point où ledit sieur Duché se faisait fournir de vin, le répondant, qui était en pension, n'était point dans le cas de s'en informer, etc. »

Je ne sais quelle fut l'issue de ce débat, et il m'importe peu de le savoir. Je suis descendu à ces détails puérils, d'abord à cause de leur authenticité, ensuite parce qu'un biographe ne doit rien négliger de ce qui complète une physionomie. Il m'a paru amusant de montrer l'auteur de l'*Année littéraire* se faisant traquer pendant huit ans pour un panier de vin dont on voulait qu'il eût bu *et qu'il eût trouvé bon*.

Puisque je me suis hasardé dans les *potins*, l'occasion serait belle pour toucher un mot d'une certaine tabatière donnée par Piron à Fréron, et troquée par celui-ci contre un bel habit écarlate. L'histoire est racontée tout au long, de la main de Piron même, dans ses *Œuvres inédites*, publiées en 1859 par M. Honoré Bonhomme; mais cela m'entraînerait trop loin. Je me contenterai d'emprunter à cet intéressant volume la réponse de Piron à une lettre de faire part que Fréron lui avait envoyée lors de la mort de sa première femme.

« Ce samedi 19 juin 1762.

« Je prends, monsieur, toute la part possible à la perte que vous venez de faire, et dont m'instruit le billet funéraire qu'on a eu l'attention de m'apporter. C'est une tendre épouse que vous perdez, mais qu'après tout vous ne perdez qu'à moitié, puisqu'elle revivra sous vos yeux dans les enfants qu'elle vous laisse. Ils feront votre consolation, ne fût-ce que celle qui vous a fait partager avec un roi les honneurs de la paternité.

« Quand vous recevrez pour mon compte un billet tel que celui qui donne lieu au mien, souvenez-vous de moi comme de quelqu'un qui, à de petites guerres près, aura été toute sa vie, de la meilleure foi du monde, monsieur, votre très-affectionné serviteur.

« PIRON. »

Si l'on comptait bien, on trouverait que Piron a fait autant d'épigrammes contre Fréron que contre Voltaire. Il employa une semaine tout entière à en composer trente-deux, et il intitula cette série *la Fréronade*. Je renvoie encore ici au recueil de M. Honoré Bonhomme.

La probité de l'écrivain n'a pas moins été attaquée que celle de l'homme : on a traité sa plume de vénale, mais, comme toujours, on a négligé de produire des preuves. Je préfère parler de son austérité, et rappeler les inutiles avances que lui fit Beaumarchais lors de ses premières pièces. Beaumarchais était, à cette époque, plus grand seigneur qu'écrivain, et rien ne lui aurait coûté sans doute pour gagner Fréron à sa cause. Voici en quels termes assouplis, lui si impertinent, lui si indépendant en apparence, il écrivait, en 1767, au rédacteur de *l'Année littéraire*.

« Je ne crois pas avoir l'honneur, monsieur, d'être personnellement connu de vous, ce qui me rend d'autant plus sensible aux choses honnêtes que l'on m'a rapportées hier au soir. Un homme de mes amis, qui s'est rencontré avec vous dans une maison, m'a assuré qu'il était impossible de parler avec plus de modération que vous ne l'aviez fait des endroits qui vous avaient paru répréhensibles dans le drame d'*Eugénie*, et de louer avec une plus estimable franchise ceux que vous aviez jugés propres à intéresser les honnêtes gens. C'est ainsi que la critique judicieuse et sévère devient très-utile aux gens qui écrivent. Si vos occupations vous permettent de revoir aujourd'hui cette pièce, où j'ai retranché des choses auxquelles mon peu d'usage du théâtre m'avait attaché, je vous prie de le faire avec ce billet d'amphithéâtre que je joins ici. Je vous demanderai, après cette seconde vue, la permission d'en aller jaser avec vous, en vous assurant de la haute considération et de la reconnaissance avec lesquelles j'ai l'honneur d'être, monsieur, etc.

« Caron de Beaumarchais. »

Je ne sais rien de plus simple et de plus digne que la réponse de Fréron :

« Le samedi 7 février 1767.

« Je suis fort sensible, monsieur, à votre politesse, et bien fâché de ne pouvoir en profiter, mais je ne vais jamais à la comédie par billets ; ne trouvez donc pas mauvais, monsieur, que je vous renvoie celui que vous m'avez fait l'honneur de m'adresser.

« Quant à votre drame, je suis charmé que vous soyez content de ce que j'en ai dit ; mais je ne vous dissimulerai pas que j'en ai pensé et dit plus de mal que de bien après la première représentation, la seule que j'aie vue. Je ne doute pas que les retranchements qui étaient à faire et que vous avez faits dans cet ouvrage ne l'aient amélioré : le succès qu'il a maintenant me le fait présumer. Je me propose de l'aller voir la semaine prochaine, et je serai très aise, monsieur, je vous assure, de pouvoir joindre mes applaudissements à ceux du public.

« J'ai l'honneur d'être, avec la plus haute considération, etc.

« FRÉRON (1). »

On remarquera que Fréron s'abstient de répondre à la proposition que Beaumarchais lui faisait d'aller *jaser* avec lui d'*Eugénie*.

Bornons ces questions de probité par un mot sur les relations de Fréron avec ses libraires. Lorsqu'il abandonna les *Lettres*

(1) *Beaumarchais et son temps*, par Louis de Loménie. Tome I, pages 218 et 219.

sur quelques écrits de ce temps pour fonder *l'Année littéraire*, et qu'il passa de chez le libraire Duchesne chez le libraire Lambert, qui lui offrait dix louis par feuille, ce fut un *tolle* général. Tout le monde cria à l'indélicatesse, à la déloyauté, et cette clameur fut telle que l'écho s'en est perpétué de nos jours. M. Charles Nisard, dans ses *Ennemis de Voltaire*, n'a pas assez d'indignation pour flétrir cette *bassesse*, cette *friponnerie*; M. Eugène Hatin, dans son *Histoire de la presse*, s'associe plus timidement à ce blâme, mais il hasarde que les considérations de Fréron pourraient bien n'avoir pas été assez *désintéressées*. Moi, j'en suis convaincu. Je consens à crier comme tout le monde, à la condition cependant de savoir quels traités liaient l'auteur au libraire, et réciproquement. Si les *Lettres* étaient la propriété et l'invention de Fréron, on m'accordera bien qu'il avait le droit de les abandonner ou de les transformer. Comment! durant six années, il rédige une publication moyennant un médiocre salaire, et quand on lui propose des arrangements plus avantageux, vous vous étonnez qu'il les accepte ! Voltaire en agissait bien plus délibérément avec ses libraires. Vous trouveriez peut-être plus naturel que ce fût le libraire qui eût lâché Fréron. Je ne veux pas pousser plus loin la discussion. Il me suffit d'indiquer le sentiment d'injustice qui a dicté ces appréciations d'un acte commercial où manquent les premiers éléments d'enquête. En l'absence de documents certains, moi je trouve plus logique de me ranger du côté de l'écrivain que du côté de l'éditeur.

En 1762, comme on l'a vu, Fréron avait perdu sa femme. Il était resté avec son fils et une fille.

VIII

RETOUR EN BRETAGNE.

Une chaise de poste roule sur la route de Vannes à Quimper. Elle emporte Fréron, qui va se remarier en Bretagne. Nous sommes en 1766. Il a quitté Paris sans rien dire à personne, car les philosophes auraient été dans le cas d'illuminer. Il est parti nuitamment, le manteau sous le nez[1], avec son domestique Bris, pour vivre pendant quelques semaines de la vie privée, de la vie de tout le monde. Fréron redevient Breton, Fréron respire ! La chaise roule, par un soir d'août, entre deux haies de genêts; délicieux bruit de grelots, hennissements joyeux! Encore quelques côtes, encore quelques cahots, et les deux hautes tours de Saint-Corentin vont se dresser dans le ciel aux regards attendris de l'ancien petit élève des Jésuites, devenu le gros, le redoutable et redouté Fréron !

Il va prendre une seconde femme. Il s'est souvenu qu'il avait au fond de son pays une cousine, jeune fille élevée dans l'ignorance des libelles et des épigrammes; il a demandé sa main, et on la lui a donnée; car, chose inouïe! Fréron est demeuré prophète dans sa province. Il a conservé toutes ses relations d'enfant et de jeune homme. Sa ville natale lui rend l'affection qu'il lui a gardée ; et ce n'est pas uniquement chez cette vieille Bretagne, si profondément religieuse, l'instinct maternel qui la pousse à Fréron, c'est aussi la reconnaissance. Elle le regarde justement comme le défenseur de ses croyances vénérées; elle lui sait gré de son dévouement imperturbable; elle reconnaît et salue en lui une de ses têtes dures, si fameuses dans le monde entier !

La chaise de poste roule toujours. Fréron est parti de Paris un samedi, et voilà que nous touchons à la fin du jeudi. Il est vrai qu'il s'est arrêté deux jours au château d'Arraden, près de Vannes, chez la marquise d'Agoult, une de ses protectrices. Enfin, ses chevaux font résonner le pavé inégal et pointu de Quimper; mais il n'y met point pied à terre; là n'est pas le but de son voyage. Il pousse plus loin encore, du côté de la mer, dans une contrée aride et sauvage. Il ne descend que dans la petite ville de Pont-l'Abbé, chef-lieu d'une des onze grandes baronnies de Bretagne, devant une forteresse du XIIIe siècle.

C'est là qu'habite sa fiancée.

Elle s'appelle Anna ou *Annétic;* elle est la fille de M. Penanreun-Royou, procureur fiscal de la baronnie de Pont-l'Abbé. Pour peu que ce changement de décor vous amuse, et que vous vous intéressiez à cette idylle de Cornouailles si étrangement jetée dans la vie de cet homme, qui était une des dix ou douze incarnations du mouvement parisien, vous pouvez assister à ses noces, les plus plantureuses qui aient jamais été. Tout Pont-l'Abbé et les environs, jusqu'à Loc-Tudy, furent en liesse pendant huit jours.

L'intention de Fréron était de repartir sur-le-champ pour Paris, mais Quimper le retint au passage. A Quimper, tout recommença ; et voici la relation émerveillée qu'il envoie lui-même à Mme Penanreun-Royou, sa belle-mère. Ceux qui aiment à surprendre les gens dans l'intimité seront contents ; ils trouveront dans cette lettre un Fréron inconnu, heureux, simple, — mais toujours porté sur sa bouche.

« A Quimper, ce samedi 13 septembre 1766.

« Ma très-chère et très-aimable cousine, nous nous portons à merveille, ma chère petite femme et moi. Nous sommes fêtés ici au delà de ce que je peux vous dire. Toute la ville est venue nous voir, et nous avons reçu des visites des personnes de la plus grande condition. Mercredi au soir, en arrivant, M. Gazon nous donna un grand souper, où se trouvaient Mme Gazon la jeune, M. et Mme de Kerourin, M. Le

Clerc, M. le procureur du roi, Mme de Malherbe (1), Mlle sa fille et M. son fils, Mme Perrin et deux autres personnes dont je ne me rappelle pas le nom. Le lendemain jeudi, nous dînâmes chez M. de Silguy; il y avait au moins trente personnes; le soir, nous soupâmes chez le procureur du roi, qui avait encore plus de monde; il y avait deux tables, et j'ai compté quarante-trois personnes. Hier vendredi, nous allâmes dîner à Laniron, chez l'Évêque, qui nous avait invités. Il y avait Mlle de Cuillé, sa sœur, Mme Warts, M. Dubot, de Carhaix, son fils l'abbé, M. le principal du collége, M. Denis, et plusieurs autres ecclésiastiques; nous soupâmes chez M. Gazon. Aujourd'hui samedi, nous dînons chez M. Basse-Maison et nous soupons chez M. de Silguy. Demain dimanche, dîner au collége; M. l'Évêque, Mlle de Cuillé et plusieurs dames y seront; souper chez M. Le Thou. Lundi, dîner chez M. l'abbé du

(1) Fréron descendait du poëte Malherbe par sa mère.

Laurent et souper chez M. Blot. Mardi, dîner chez Mme du Lech et souper chez Mme Kerourin. Mercredi, dîner chez Mme Gazon la jeune, et souper au Pont-l'Abbé. Notre temps est bien rempli, comme vous voyez, ma très-chère cousine. Je suis bien fâché de ne pouvoir aller au Pont-l'Abbé que mercredi au soir ; mais il n'y a pas moyen de se dépêtrer plus tôt de Quimper. J'aurais désobligé bien du monde si je n'avais pas accepté toutes ces invitations. Je vous assure, ma très-chère cousine, que, malgré toutes les fêtes qu'on nous donne, j'aimerais bien mieux être au Pont-l'Abbé avec vous, avec mon cousin et ma chère femme. Ce qui me fait beaucoup de plaisir, c'est qu'elle réussit très-bien, qu'elle n'est point du tout embarrassée, et qu'elle a le maintien le plus honnête et le plus aimable ; je suis encore bien content d'elle par rapport au manger ; elle s'est modérée dans tous ces grands repas, et n'a pas eu jusqu'à présent la plus légère incommodité. Elle est charmante en tous points ; je l'aime de tout mon cœur ; c'est trop peu dire, je l'adore, j'en suis fou.

« Vous lui avez envoyé, ma chère cousine, des crêpes qui ne sont pas bonnes ; on les a trouvées trop épaisses, trop grasses, et pas assez sucrées. Nous vous serons bien obligés si vous voulez bien nous en envoyer vingt-quatre douzaines, et recommander à la crêpière qu'elles soient meilleures.

« Adieu, ma très-chère et très-aimable cousine ; je vous embrasse mille et mille fois de toute mon âme. Vous avez fait le bonheur de ma vie en me donnant Annétic, et je ne l'oublierai jamais. J'embrasse aussi de tout mon cœur mon très-cher cousin, ma petite Thérèse, Yvonne, Jacquic, M. et Mme Calvez, Claudic, Jéphic et tout le monde.

« Nous fîmes vendredi dernier notre visite à la charmante Kerliézec ; elle nous reçut froidement, mais honnêtement.

« Annétic vous écrirait en même temps que moi si Clermont ne la tenait pas par les cheveux (1). »

(1) Cette lettre, et six autres non moins intéres-

On conviendra que c'est là une réception fort belle et fort honorable; le récit de Fréron amène l'eau à la bouche. Il n'y a qu'une chose qui me passe : c'est la demande de *vingt-quatre douzaines de crêpes*. Que peut-on faire de deux cent quatre-vingt-huit crêpes, je vous prie ?

La famille Royou était nombreuse. Avant d'y entrer, Fréron s'était déjà occupé de placer plusieurs de ses membres ; en outre, il avait auprès de lui, à Paris, l'abbé Thomas Royou, qui devait devenir son collaborateur et son continuateur. De ses trois autres beaux-frères, plus jeunes, nous allons tout à l'heure en voir un, Corentin Royou, se déclarer contre Fréron avec une inconcevable frénésie.

Enfin, Fréron quitta Quimper, et la petite maison de Fantaisie le reçut, lui et son Annétic. C'est de là qu'il date ses compliments de bonne année et ses remerciements à sa nouvelle famille : « Je crois, en

santes, ont été publiées par M. Du Chatellier, correspondant de l'Institut, dans le journal *l'Océan*, de Brest (avril 1861).

vérité, ma très-chère et très-aimable cousine, écrit-il toujours à Mme Penanreun-Royou, que vous perdez la tête. Il n'y a pas de raison d'envoyer des étrennes aussi considérables à des marmailles d'enfants comme les miens. Ils sont bien enchantés de vos présents, il n'y a que moi qui en suis bien fâché ; vous avez une famille assez nombreuse, sans que vous répandiez encore vos dons sur la mienne Nous avons reçu tout ce que vous nous avez envoyé : douze andouilles, sept bécasses et trois pluviers. Je vous en remercie de tout mon cœur, ma très-chère cousine; mais, au nom de Dieu, ne nous faites plus de présents si chers. »

Il a dans cette même lettre un souvenir pour la maison natale, qu'il louait depuis longtemps : « Et mes petites affaires, mon très-cher cousin, où en sont-elles? Que devient cette maison de la rue Obscure? Les Desrinières ne veulent-ils donc rien payer? Vous m'avez écrit que je me trompais quand je disais qu'il y avait vingt ans qu'ils n'avaient pas donné un sou;

M. Guillard, qui avait ma procuration, s'est peut-être fait payer, c'est ce que j'ignore... Je vous demande mille pardons de tous ces petits tracas; mais je suis comptable envers mes enfants de ces misères-là, et il faut que je me mette en règle. »

Tous ces détails sont d'un bon homme; je m'y complais, je m'y arrête, parce que, comme dit M. Du Chatellier, ils montrent par un côté peu connu de sa vie « celui qu'ont certainement le plus défiguré ses adversaires, en le présentant comme un homme sans cœur, sans sentiments et sans délicatesse. »

Aussi comprendra-t-on que je tombe de mon haut lorsque, trois ans plus tard, je vois l'avocat Corentin Royou déclarer une guerre sanglante à Fréron. Compromis dans l'affaire de M. de la Chalotais, ce jeune homme avait été forcé de se réfugier à Londres; de là, il adressa à Voltaire un mémoire contre Fréron, où sont entassées avec une rage sans égale les imputations qui constituent les plus grands scélérats.

Un échantillon suffira : « Fréron, dit-il, épousa ma sœur, il y a trois ans, en Bretagne. Mon père donna vingt mille livres de dot. Il les dissipa avec des....., etc., etc. Après quoi, il fit partir ma sœur pour Paris, dans le panier du coche, et la fit coucher en chemin sur la paille. Je courus demander raison à ce malheureux; il feignit de se repentir. Mais, comme il faisait le métier d'espion, et qu'il sut qu'en qualité d'avocat j'avais pris parti dans les troubles de Bretagne, il m'accusa en présence de M. de..., et obtint une lettre de cachet pour me faire enfermer. Il vint lui-même, avec des archers, dans la rue des Noyers, un lundi, à dix heures du matin, me fit charger de chaînes, se mit à côté de moi dans un fiacre, et tint lui-même le bout de la chaîne. »

Faut-il frissonner? faut-il hausser les épaules? Décidément Fréron n'est pas heureux en beaux-frères. L'exaltation fut toujours un peu le partage des Royou, et Corentin me paraît avoir été dosé plus fortement que les autres. Sa vie, dont je serai amené à mentionner quelques épisodes, ne fut qu'une colère perpétuelle. Empiétant sur les événements, je le vois, à plus de soixante-dix ans, auteur tragique et auteur sifflé, s'élancer hors des coulisses sur la scène de l'Odéon, en présence du public, et arracher son manuscrit des mains du souffleur (1). Si le vieillard était aussi bouillant, qu'avait dû être le jeune homme?

En ce qui concerne Mme Fréron, son propre témoignage me semble plus sérieux que celui de son frère; or, dans tous ses actes et dans tous ses écrits, elle n'a jamais cessé de protester de son attachement à son mari. Ce voyage dans le panier du coche, après les lettres que je viens de citer, n'est que pure imagination. Le reste, que voulez-vous que je vous en dise? Voltaire lui-même le traite d'*extraordinaire* (2), ce qui ne l'empêche pas de s'en emparer avidement. « Si vous avez quelqu'un à pendre, écrit-il à d'Argental, je vous donne

(1) Première représentation de *la Mort de César*, en 1821. Voir les *Almanachs des spectacles*.

(2) A M. le marquis de Florian, 21 mars 1770.

Fréron. Lisez, je vous prie, le mémoire ci-joint, que m'a envoyé son beau-frère .... Je me flatte que vous distribuerez des copies de ce petit mémoire. » Il en écrit autant à Elie de Beaumont et à d'Alembert, et il charge ce dernier de parler à Duclos en faveur de son nouveau protégé, l'avocat Royou.

Mais voyez le malheur, et comme la pendaison de Fréron va se trouver forcément ajournée! D'Alembert a fait la commission de Voltaire, il a vu Duclos : « Je n'ai rien eu de plus pressé, dit-il, que de lui remettre le mémoire du sieur Royou. Il m'a demandé un peu de temps pour faire des informations, et c'est ce qui a retardé tant soit peu la réponse que je vous dois à ce sujet. Il s'est donc informé à différentes personnes de Bretagne, qui sont à Paris, et qui lui ont *toutes* assuré que ce Royou est, à la vérité, un homme de beaucoup d'esprit, mais un très-mauvais sujet. » Et voilà le scandale à l'eau! Le seigneur de Fernay, qui n'aimait pas à se compromettre, retira sa protection à Corentin Royou, qui passa en Espagne, et il n'en fut plus question. Soyez tranquilles, cependant : Voltaire, qui ne laisse rien perdre, placera le honteux mémoire dans le *Dictionnaire philosophique !*

Un dernier trait. Corentin Royou, à cette époque, semblait haïr jusqu'au nom de Fréron. En 1791, il épousa la fille du célèbre critique.

IX

DERNIÈRES ANNÉES DE FRÉRON.

Les dernières périodes de *l'Année littéraire* furent marquées par un redoublement d'entraves. On alla jusqu'à corrompre le messager qui portait les articles de Fréron au censeur ; ce messager gardait les articles dans sa poche et revenait tranquillement dire que l'approbation était refusée. Ce manége dura près de quatre ans. Vous en voyez les conséquences : des pages entières à refaire, des numéros en retard, quelquefois d'un intérêt médiocre, et le public qui se lasse, qui se retire. Fréron connut les mauvais jours. Son journal ne lui rapporta plus que six à sept mille livres, et il était imposé de quatre mille livres de pensions. Sa prodigalité et son incurie accélérèrent sa chute ; vinrent les créanciers, les poursuites, les meubles jetés à la rue.

Il aurait peut-être supporté tout cela, car il avait un fonds d'insouciance et un tempérament de lutteur. Mais une fatale nouvelle l'abattit tout d'un coup : il était à la Comédie-Française, le 10 mars 1776, lorsque quelqu'un lui annonça que le garde-des-sceaux avait décidément supprimé le privilége de *l'Année littéraire*. Fréron pâlit, puis rougit. La goutte, qui le tourmentait depuis quelque temps, lui remonta au cœur et l'étouffa. Quand sa femme, qui, depuis le matin, implorait dans les antichambres de Versailles pour conjurer la terrible menace, rentra au logis, elle le trouva agonisant.

Fréron avait cinquante-cinq ans alors.

Ainsi mourut, ou plutôt ainsi tomba cet athlète, frappé en plein combat, foudroyé dans toute sa raison et dans toute sa douleur. Vous aurez beau vous récrier, vous les prévenus et les dédaigneux, vous les indifférents et les ignorants, vous n'empêcherez pas que cet homme ne soit un des pères de la critique française, un de vos ancêtres, s'il vous plaît. Il a été et restera longtemps le type du polémiste, cette chose nouvelle, ce métier nouveau, si utile, si indispensable et si périlleux. Il a fait un journal qui a duré trente ans. Or, en critique, l'important est de durer. Fréron a duré malgré tout le monde, malgré ses amis et malgré ses ennemis, malgré le cachot et malgré la censure, malgré le For-l'Évêque et malgré Ferney. Il a eu le temps et la force, non pas cette force qui se manifeste de loin en loin et à son heure, mais la force de tous les jours, la force toujours prête, qui s'attend à tout. Avant lui, personne n'avait eu autant de courage ni un aussi long courage. Il a su même avoir le courage du silence quand il l'a fallu. Ce qui augmente aussi son prestige, c'est qu'il apparaît seul au milieu de son *Année littéraire*, comme un roi absolu. Pendant que les rédacteurs se succédaient au *Mercure*, lui restait inamovible. Je ne veux pas le surfaire : je sais très-bien qu'il ne prend pas son point de vue de très-haut; que ce qui l'empêchera de vivre, c'est le défaut de chaleur, c'est le manque d'enthousiasme.

Fréron est le critique froid, compassé, exagérant le goût jusqu'à la sécheresse, le rhéteur, le peseur juré de diphthongues. L'ironie! l'ironie! il n'a eu que cela, mais il l'a bien eue.

Il était trop habile pour ne pas mettre un éloge à côté de ses blâmes. Il a beaucoup vanté certaines parties de *la Nouvelle Héloïse*, il a recommandé *le Père de famille*, il a admiré Buffon, il a même compris Shakespeare. Enfin j'ajouterai, — et c'est en moi le résultat d'un examen approfondi, — que Voltaire n'a jamais été mieux apprécié et loué que par Fréron, c'est-à-dire avec plus de discernement, de tact et de justice. Et tout cela a été impuissant à protéger Fréron contre son siècle. Ah! je conçois que le tableau de cette existence harcelée, calomniée, souffletée, emprisonnée et empoisonnée, ait arraché à Mairobert les réflexions suivantes, cri de l'honnêteté et de la rébellion, souffle d'une poitrine qui veut de l'air avant tout : « En apprenant ces atteintes multipliées à la liberté d'un citoyen, si j'ai été indigné, milord, du despotisme du gouvernement, je ne l'ai pas moins été de la bassesse de l'écrivain, se soumettant ainsi servilement à être le jouet de l'injustice, du caprice ou du crédit de quelque homme puissant. Sans doute que, s'il eût senti convenablement la dignité de son être, plutôt que de le laisser ainsi dégrader, il aurait préféré l'état le plus dur ou le plus grossier; ou si, entraîné comme Boileau par l'ascendant de son génie, il n'avait pu résister à la manie de critiquer et de satiriser, il serait passé en pays propre à le faire, ou du moins il aurait usé de la ressource des presses étrangères, dont se servent habituellement aujourd'hui les écrivains amis de la vérité et de leur repos. »

En vérité, Mairobert n'y pense pas. Autant conseiller à Beaumarchais d'aller faire jouer à Londres *le Mariage de Figaro*. Fréron ne lâcha pas pied, et il fit bien; c'est par cet entêtement qu'il vaut quelque chose. Triste, trois fois triste profession, hélas! aussi rude à exercer à présent que du temps de Fréron, environnée, hérissée des mêmes préjugés ridicules ou odieux, plus honorée, mais autant suspectée. Jetez les yeux sur les descendants directs de Fréron, sur Geoffroy d'abord, sur Gustave Planche, sur Louis Veuillot. Ils soulèvent toujours le même chœur de malédictions! Ils entraînent toujours le même cortége d'insulteurs, sans le char de triomphe!

Racontons les dernières phases de *l'Année littéraire;* ce sera encore parler de Fréron.

X

APRÈS SA MORT.

La première voix qui s'éleva pour réclamer la pudeur autour du cercueil de Fréron fut celle de Linguet, — de Linguet, qui avait été dans la fougue ce que Fréron avait été dans le sang-froid, l'adversaire implacable des encyclopédistes. « S'il est permis de former un vœu, dit-il, c'est de ne pas voir souiller la littérature par des marques de joie, que M. Fréron ne se serait probablement pas permises s'il eût survécu à ses plus cruels antagonistes. C'est ici le cas de leur dire : Percez vivant l'ennemi qui vous attaque, mais, pour votre gloire, respectez son ombre ! »

Mme Fréron courut immédiatement au collége Louis-le-Grand chercher Stanislas, pour qui elle avait obtenu à grand'peine la continuation du privilége de *l'Année littéraire*. Mais Stanislas n'avait que dix-neuf ans; il ne pouvait guère être qu'un prête-nom. L'abbé Grosier, qui depuis longtemps était l'associé du père, ne suffisait pas à la besogne; la veuve s'adressa à l'abbé Mercier Saint-Léger, un érudit, un infatigable. L'abbé Mercier Saint-Léger devint la providence du journal. Lorsque personne n'envoyait plus rien, lui faisait articles sur articles, deux par chaque feuille. On fut obligé de le modérer, et l'abbé se fâcha. Le pauvre Stanislas en vint alors aux excuses; dans une lettre du 20 mai 1776, datée encore du collége Louis-le-Grand, il lui demande pardon de n'avoir pas mis ses deux articles dans le même numéro : « Je vous en conjure, monsieur, lui dit-il, revenez sur mon compte, ne m'accusez pas d'ingratitude. Je sens toute l'obligation que je vous ai. » Trois mois après, l'abbé n'était pas revenu entièrement, et Stanislas lui écrivait une seconde lettre : « Vous êtes le seul ami qui, après la mort de mon père, m'ait aidé de si bonne grâce; aucun ne s'est offert, dans la malheureuse situation où je me trouvais, pour me faire une ligne du journal; et les personnes que j'ai été obligé de prendre m'ont fait payer leur travail bien cher (1). »

Cependant la voix de Linguet n'avait point été écoutée, et les journalistes s'étaient emparés de la vie et des œuvres de Fréron, pour les commenter à leur aise. Stanislas ne fut occupé dans les premiers temps qu'à défendre la mémoire paternelle; ainsi se fit son apprentissage d'écrivain. Il eut d'abord un moyen victorieux : il puisa dans la correspondance que lui avait léguée son père, et retourna contre ses ennemis plusieurs de leurs propres armes. « Je préviens une bonne fois pour toutes, dit-il, que mon père n'a presque pas brûlé une seule des lettres qu'il recevait, que j'en suis dépositaire, et que je pourrais couvrir de confusion ceux qui ont le plus dénigré sa mémoire. Il me disait tous les jours : « Mon fils! quand je ne serai plus, vous ap-

(1) Catalogue des lettres autographes de M. de Lajarriette.

« prendrez bien des choses; vous connaî-
« trez les hommes, vous verrez jusqu'où
« peut aller leur ingratitude. » Hélas! j'ai acquis aujourd'hui bien chèrement cette triste connaissance. Mais, à l'exemple de mon père, je n'en abuserai pas. Tant que je serai seul attaqué, je n'opposerai comme lui à mes ennemis que le silence et le mépris. Mais ce qui ne serait pas permis pour me défendre le deviendra pour venger la mémoire de mon père; et si jamais je voyais s'exhaler encore le poison de ces serpents qui ont déchiré le sein qui les avait nourris..... Les larmes m'empêchent d'achever. »

Ce moyen lui réussit beaucoup dans les premiers temps, et il en usa largement. Mercier le dramaturge cherche-t-il à noircir Fréron dans *le Journal des Dames*, vite une lettre obséquieuse et pleine de gratitude de Mercier le dramaturge à Fréron! Palissot essaye-t-il, dans *le Journal français*, de marquer du dédain pour *l'Année littéraire* et de contester l'influence de Fréron, vite des petits billets de Palissot à Fréron, comme s'il en pleuvait : « Toi qui connais si bien ces petites attentions de l'amitié, annonce donc mon histoire, et renouvelle en un seul mot ce que tu en as déjà voulu dire d'avantageux, etc. — Je te remercie d'avance, mon cher Fréron, de l'article de tes feuilles qui doit me regarder, et que j'attends avec grande impatience, etc. — Je te conjure de ne pas oublier mon histoire; il se trouve toujours dans une feuille de la place pour quelques lignes, etc. »

Et si cela ne suffit pas, si Palissot a le malheur de récidiver, s'il s'aventure à parler des habitudes dissipées et de la vie épicurienne de Fréron..... crac! le cruel enfant, le collégien de dix-neuf ans, court au fameux portefeuille et en tire des lettres de Palissot, se terminant la plupart ainsi : « Quand donc veux-tu me donner à dîner? Tous les jours je suis à tes ordres, excepté le dimanche. »

Vis-à-vis de La Harpe, qui était un plus gros adversaire, Stanislas ne se contenta pas de l'arsenal accoutumé : il demanda aide et secours à Dorat, qui accourut avec sa flamberge de poëte-mousquetaire. Ecoutez les insolences de ce nouveau frère d'armes, et en quels termes amusants il s'exprime à l'égard de l'auteur de *Warwick* : « Je voulus rapprocher ce fougueux petit gazetier de M. Fréron, avant que cet excellent critique, que j'ai aimé davantage à mesure qu'il a été plus persécuté, pût même soupçonner l'existence de cet écolier. En conséquence, je les réunis à souper avec MM. Colardeau et Dudoyer. M. Fréron y fut aimable et bonhomme ; son antagoniste, au contraire, y fut tranchant, disputeur, criard et ennuyeux. Jusque-là, je lui avais passé tout ; mais je lui en voulus tout de bon d'être un mauvais convive ; et, par exemple, ce que je me rappelle à merveille, c'est que l'auteur de *l'Année littéraire*, qui pardonnait encore moins un souper triste qu'un plat ouvrage, me demanda avec une sorte d'impatience quelle était cette *bamboche* (ce fut son expression) qui parlait au lieu d'écouter, qui avait le ton si affirmatif et se pavanait à table en empereur de rhétorique. »

XI

FRÉRON FILS.

Le père avait beaucoup souffert par les comédiens; il en fut ainsi du fils. Le père s'était vu sur le point d'être jeté en prison par le caprice de la Clairon; le fils se vit retirer son privilége pour avoir déplu à Desessarts. Ce Desessarts, qui jouait les financiers, était doué d'une corpulence énorme; ses camarades le regardaient comme leur plastron et ne lui épargnaient pas les plaisanteries. Dugazon, se battant avec lui à l'épée, lui traçait un rond sur le ventre, en déclarant que les coups portés en dehors ne compteraient pas; une autre fois, il le conduisait chez le ministre et demandait pour lui la survivance de l'éléphant. De telles gaietés auraient dû aguerrir Desessarts; elles ne servaient qu'à l'irriter au contraire; et, sur ces entrefaites, *l'Année littéraire* l'ayant traité de *ventriloque*, il ne mit pas de bornes à son ressentiment. Il fit comme la Clairon, il alla se plaindre au maréchal duc de Duras. *Ventriloque!* pouvait-on concevoir un tel excès d'audace? *Ventriloque* passait toute mesure; *ventriloque* méritait un châtiment exemplaire!

On exigea une rétractation de Stanislas, qui ne vit à cela aucun inconvénient, l'affaire lui paraissant trop puérile pour y apporter de la raideur. Mais le comédien voulait dicter la rétractation, et c'est ce que n'entendait pas Stanislas. La négociation dura un mois. Le jeune Fréron proposait la note suivante : « Nous apprenons que l'expression de *ventriloque* dont nous nous sommes servi à l'égard de M. Desessarts l'a mortifié. Notre intention n'a jamais été de l'offenser ni de lui dire rien d'injurieux, comme il s'en convaincra à l'ouverture du premier dictionnaire. » Les termes de cette note satisfaisaient le garde des sceaux; mais le duc de Duras, poussé par le gros homme, voulait autre chose. En attendant une solution, *l'Année littéraire* fut suspendue, et le lieutenant de police fit mander Stanislas pour le tancer. La Harpe a raconté cette entrevue à sa manière dans sa *Correspondance littéraire* :

« On vient, dit-il, de faire une justice publique de la basse et scandaleuse méchanceté. Le lieutenant de police, à propos de quelqu'une des grossières insolences de *l'Année littéraire*, a fait venir le petit Fréron à son audience, lui a fait ôter son épée publiquement, en vertu des ordonnances de police qui défendent de la porter, à moins qu'on n'en ait le droit par sa naissance ou par son état, et l'a traité devant tout le monde comme le dernier des misérables. « Vous êtes, lui a-t-il dit en pro-
« pres termes, vous et vos coopérateurs, de
« la vile canaille, que je ferai punir! » On lui a ôté le privilége de son journal, qu'on a laissé par commisération à sa mère. Le journal continuera d'être rédigé par quelques pédants mercenaires; mais ce malheureux libelle, depuis longtemps, traîne dans la poussière des colléges et des cafés. »

Ne laissons pas le lecteur sous l'impression du dédain intéressé de La Harpe. L'attitude du *petit Fréron* ne fut pas aussi piteuse qu'il veut le faire croire. Voici la version de la *Chronique scandaleuse*, un recueil sans parti pris : « Le jeune Fréron s'est fait beaucoup d'honneur par la fermeté noble et décente avec laquelle il a soutenu la vive mercuriale du lieutenant de police sur la manière dont il avait traité le comédien Desessarts dans ses feuilles. Les protecteurs de l'histrion exigeaient du journaliste une rétractation en forme d'excuses. Le magistrat fit venir Fréron et lui ordonna d'ôter son épée. — J'aime mieux, dit-il, rendre mon épée que ma plume ! »

La vérité est que défense fut faite à Stanislas de signer et d'écrire désormais dans *l'Année littéraire*, dont la direction passa presque entièrement aux mains de l'abbé Thomas Royou, frère de Mme Fréron. Que devint dès lors Stanislas ? Je demande la permission de le suivre dans les différents chemins où il va s'engager ; mais, cette carrière qui fut si bizarre, si diverse, et où l'on retrouvera si peu du caractère réfléchi et des convictions inflexibles du père, je ne la suivrai qu'en curieux, j'en avertis le lecteur......

La Révolution grondait; Fréron fils en épia et en précipita l'explosion avec l'impatience d'un homme déclassé. La cour l'avait abandonné, il abandonna la cour. Camarade de collége de Robespierre et de Camille Desmoulins, il les retrouva à la tribune et dans la presse, et il s'en fit des appuis. Pendant que sa belle-mère et l'abbé Royou transformaient *l'Année littéraire* en *Ami du roi*, Fréron fils créait *l'Orateur du peuple*, avec cette épigraphe ambitieuse :

> Qu'aux accents de ma voix la terre se réveille !
> Rois, soyez attentifs ! Peuples, prêtez l'oreille !

Hurlement perpétuel, dénonciation quotidienne, *l'Orateur du peuple*, digne supplément de *l'Ami du peuple*, attira les défiances de la justice ou de ce qui en tenait lieu : un matin, Fréron fut incarcéré à la Force, au moment même où sa belle-mère était conduite à l'Abbaye pour son zèle trop royaliste (1).

Mais Fréron ne demeura que quelques jours à la Force ; il poussa les hauts cris, il fit jouer toutes les influences. Écoutez son style plein de boursouflure : « Citoyens, pourrez-vous le croire ? *l'Orateur du peuple* est dans les fers ! Il n'avait pris la plume que pour défendre vos droits ; le bureau de la ville a calomnié ses intentions. C'était bien la peine d'affronter la mort sous les remparts de la Bastille, d'écraser la tête de nos tyrans et d'enfoncer dans des gouffres de sang et de boue le cadavre hideux de l'ancien régime, s'il faut qu'un M...... rive sur les citoyens les fers

(1) Ordre d'incarcération de la dame veuve Fréron dans la prison de l'Abbaye. Paris, 23 juillet 1791. — Autographes de la collection Lucas-Montigny.

Voici quelques derniers détails sur Mme Fréron, donnés par M. Du Chatellier : « Les relations de son mari avec les derniers rois de Pologne la firent appeler à Wilna et à Grodno pour se charger de l'éducation de deux jeunes filles, dont l'une portait le nom des Radziwil et l'autre celui des Poniatowski. »

du despotisme ! Et quel citoyen ! le plus enthousiaste des droits du peuple, son Argus tutélaire, l'un des écrivains les plus patriotes qu'ait produits la Révolution ! Voilà donc le fruit de ses veilles ! Se serait-on flatté d'enchaîner sa plume et son courage ? Pitoyable calcul ! Sa main, sous le poids même des chaînes, atteint ses oppresseurs et imprime sur leur front le sceau de l'ignominie !..... »

Sorti de prison, Fréron fils alla se jeter dans les bras de Camille Desmoulins et de sa femme, qui habitaient une jolie maison de campagne à Bourg-la-Reine, devenu Bourg-Egalité. Stanislas était un des hôtes assidus du jeune ménage : il se roulait dans l'herbe tendre et jouait avec des lapins, ce qui lui avait valu de la part des deux époux le sobriquet de *Lapin*. Lui-même appelait Camille le *Vieux Loup* ou *Bouli-Boula ;* Lucile était *Rouleau*, et leur fils le *Lapereau* (1).

(1) Correspondance inédite de Camille Desmoulins, publiée par M. Matton aîné.

Une amitié telle l'unissait à Desmoulins et à sa femme qu'il avait donné leurs prénoms à ses deux enfants, — enfants illégitimes, et dont la mère est restée inconnue.

La fortune politique de Fréron se décida enfin.

Nommé par le département de Paris député à la Convention Nationale, il siégea au faîte de la Montagne et se montra impitoyable pour les Girondins. Il vota la mort de Louis XVI, sans appel et sans sursis. J'indique les principales lignes de sa vie, en homme qui ne veut rien excuser, rien approuver, — même rien expliquer. Après le 31 mai, on le nomma, avec Barras, Robespierre jeune et Salicetti, commissaire des armées, et on le chargea de faire rentrer Marseille dans le respect de la République. Fréron s'acquitta de cette mission avec un entrain qui l'a perdu aux yeux de l'histoire. Il dépassa le but, dit-on, et oublia que les traîtres de la France étaient des Français. De Marseille, il se rendit à Toulon, et, enhardi par un premier succès, aveuglé, assourdi par une première victoire, il y renouvela des excès qui, pour avoir été partagés avec les autres envoyés de la Convention, n'en ont pas moins laissé un nuage de sang sur sa mémoire.

Quatre lettres qu'il écrivit à cette époque à Camille Desmoulins et à sa femme, quatre de ces chefs-d'œuvre involontaires dus à l'inconscience de la publicité, nous font plonger dans l'âme de Stanislas, comme en une tempête les vagues écartées laissent apercevoir un abîme.

La première est adressée à Camille, la seconde à Lucile. Toutes deux sont datées de Marseille, le 18 octobre, l'an second de la République française une et indivisïble.

« Lucile, vous avez toujours été présente à ma pensée! Que Camille en murmure, qu'il en dise tout ce qu'il voudra, il ne fera en cela qu'agir comme tous les propriétaires; mais certes il ne peut pas vous faire l'injure de penser qu'il est le seul au monde qui vous trouve aimable et qui ait le droit de vous le dire. Il le sait, ce coquin de Bouli-Boula, car il disait en votre présence : « J'aime Lapin, parce qu'il aime « Rouleau. » Ce pauvre Lapin a eu bien des aventures ; il a parcouru furieusement de terriers, et il a fait provision d'amples récits pour sa vieillesse. Il a souvent regretté le thym et le serpolet dont vos jolies mains à petits trous se plaisaient à le nourrir dans votre jardin du bourg de l'Egalité.

« Au reste, il n'a point été au-dessous de sa mission, en exposant sa vie plusieurs fois pour sauver la République. En recherchant la gloire d'une bonne action, savez-vous ce qui le soutenait, ce qu'il avait toujours sous les yeux ? D'abord, la patrie ; puis vous. Il ne voulait et il ne veut qu'être digne de tous deux. Vous trouverez ce lapin romanesque, et il ne l'est pas mal. Il se souvient de vos idylles, de vos saules, de vos tombeaux et de vos éclats de rire. Il vous voit trottant dans votre chambre, courir sur le parquet, vous asseoir une minute à votre piano, des heures entières dans votre fauteuil, à rêver, à faire voyager votre imagination ; puis, il vous voit faire le café à la chausse, vous démener comme un lutin, et jurer comme un chat en montrant les dents. »

A ce moment, les canons, les tambours reprennent le dessus, et l'églogue s'enfuit :

« Je suis à presser l'exécrable Toulon ; je suis déterminé à périr sur ses remparts, ou à les escalader la flamme à la main. La mort me sera douce et glorieuse, pourvu que vous me réserviez une larme. Mon cœur est déchiré, mon esprit livré à mille soins. Ma sœur et ma nièce, la petite Fanny, sont enfermées dans Toulon, à l'hôpital, comme des malheureuses ; je ne puis leur faire passer aucun secours, et elles manquent peut-être de tout..... »

Cette sœur dont il parle était mariée à un officier général, du nom de La Poype, qui commandait alors une des divisions chargées d'assiéger Toulon.

Fréron termine ainsi : « Montrez ma lettre à Camille, car je ne fais mystère de rien. »

Lucile lui répondit presque aussitôt, et voilà mon Fréron aux anges : « Vous pensez donc, lui dit-il, à ce pauvre Lapin, qui, exilé loin de vos bruyères, de vos choux, de votre serpolet et du paternel logis, est consumé de chagrin de voir perdus ses plus constants efforts pour la gloire et l'affermissement de la République ? On me dénonce, on me calomnie, quand tout le Midi proclame que, sans nos mesures aussi actives que sages et énergiques, tout ce pays était perdu et donnait la main à Lyon, à Bordeaux et à la Vendée. Je remercie ton Loup d'avoir pris ma défense ; mais lui, à son tour, le voilà dénoncé. On veut nous prendre les uns après les autres, et on garde Robespierre pour le dernier. »

Ces dernières lignes ne sont-elles pas prophétiques ?

Dans cette même lettre, très-étendue et très-curieuse, il annonce que l'attaque générale de Toulon va commencer : « Adieu, chère Lucile, je pars à l'instant pour l'armée. Nous comptons sur de grands succès et forcer tous les postes et toutes les redoutes des ennemis avec la baïonnette. Ma sœur est toujours renfermée dans Toulon ; cette considération ne nous arrêtera pas : si elle périt, nous donnerons des larmes à sa cendre, mais nous aurons rendu Toulon à la République ! » Ce stoïcisme, dont j'aurais voulu qu'il m'épargnât l'expression, est partagé par son beau-frère, La Poype, dont il trace un éloge enthousiaste. Pourquoi ne citerais-je pas le remarquable mouvement d'éloquence qui lui échappe à son sujet : « Et voilà les hommes que poursuit le plus exécrable système de diffamation ! Ames vulgaires, âmes fangeuses, vous nous avez prêté votre bassesse ; vous n'avez pu croire, encore moins atteindre à la hauteur de nos sentiments ; mais la vérité détruira vos infernales machinations ; nous ferons notre devoir à travers tous les obstacles et tous les dégoûts ; nous continuerons d'être utiles à la République, de nous dévouer pour son salut ; nous lui sacrifierons nos femmes et nos sœurs ; nous ferons à nos concitoyens l'exposé fidèle de nos actions, de nos travaux et de nos plus secrètes pensées, et nous dirons à nos dénonciateurs : « Avez-vous à produire plus de titres que « nous à l'estime publique ? »

Stanislas, vainqueur de Toulon, sauva-t-il sa sœur et sa nièce ? C'est ce qu'il faut espérer, mais les renseignements manquent absolument. L'histoire, la grande histoire, n'a pas souci des intérêts de famille ; il faut des hasards pour mettre sur la trace des affections intimes et partant secondaires.

Revenu à Paris, Fréron fils fut fêté par la société des Jacobins et acclamé *sauveur du Midi*. Ceux qui cherchent une raison à toute raison d'Etat veulent que ce bruit de triomphe ait été importuner Robespierre jusqu'au fond de son ambition et de sa jalousie. On balança la tête de Fréron dans les entretiens à huis clos du Comité de salut public. Cette hésitation détermina le complot du 9 thermidor, dont Fréron et Tallien prirent la direction. Le rôle de notre jeune homme, à ce moment, devint immense, et jamais le nom de Fréron ne pesa tant dans le plateau des intérêts patriotiques. Je dois me taire quand parle le *Moniteur* ; il est des séances devant lesquelles pâlissent tous les volumes...

Camille Desmoulins mort, Lucile morte, Danton mort, Robespierre mort, le filleul du roi de Pologne sentit la tristesse l'envahir, et avec la tristesse l'horreur du vide que la guillotine avait fait dans ses affections. Il voulut à la fois s'étourdir et se venger. Pour s'étourdir, il se mit à la tête d'un parti, lequel ne demandait qu'un prétexte et qu'un chef, le parti de la jeunesse, qui n'avait de goût ni pour l'émigration ni pour la défense des frontières. Elle se baptisa elle-même la *Jeunesse dorée*, et, créant au milieu de Paris un Coblentz républicain, elle ramena audacieusement les modes d'autrefois, combinées avec les modes nouvelles, la culotte et le chapeau rond, le frac et le gourdin, la poudre et les oreilles de chien, l'escarpin, la cravate, les bijoux, le gilet de peluche. Fréron, qui était séduisant, et spirituel, et voluptueux, fut tout de suite élu chef de cette Jeunesse dorée. Qui sait si un regard de Mme Tallien,

Lorsque la Tallien, soulevant sa tunique,
Faisait de ses pieds nus craquer les anneaux d'or,

ne fut pas pour quelque chose dans cette nouvelle incarnation? Il était si prompt à se laisser troubler par deux beaux yeux et par une voix caressante!

La Jeunesse dorée afficha un zèle inconsidéré et se compromit par des actes extrêmes, en incendiant le club des Jacobins, par exemple. Aussi, la session conventionnelle une fois close, Stanislas Fréron ne fut pas réélu. On se débarrassa de lui en l'utilisant. Il connaissait le Midi, on l'y envoya de nouveau pour arrêter la réaction royaliste. Instruit par son précédent voyage, il se comporta avec une modération dont on ne lui a pas assez tenu compte. Lui qui avait fait mitrailler Marseille, il se fit presque pardonner ses mitraillades par les Marseillais; on le reçut dans quelques salons; on goûta son esprit. L'amour, qui devait tenir tant de place dans sa vie, l'y guettait et l'atteignit tout à coup. La famille Bonaparte habitait Marseille. Conduit chez Mme Lætitia, il remarqua une de ses filles, la ravissante Pauline, qui fit une vive impression sur son cœur; il plut, et sa recherche fut agréée. Un instant il put croire à une alliance qui eût placé bien haut dans l'avenir le nom de Fréron; mais on exigeait le consentement de Bonaparte, on ne voulait rien conclure sans lui. Cette formalité semblait d'ailleurs à Fréron la chose la plus simple du monde, si j'en juge par la lettre assez cavalière qu'il envoya à Toulon par un courrier :

« Marseille, le 4 germinal an IV.

« Tu m'as promis avant de partir, mon cher Bonaparte, une lettre pour ta femme;

nous sommes convenus que tu lui annoncerais mon mariage, afin qu'elle ne soit point étonnée de la soudaine apparition de Paulette, quand je la lui présenterai. Je t'envoie une ordonnance à Toulon pour chercher cette lettre, dont je serai porteur.

« Ta mère oppose un léger obstacle à mon empressement. Je tiens à l'idée de me marier à Marseille sous quatre ou cinq jours; tout est même arrangé pour cela; indépendamment de la possession de cette main que je brûle d'unir à la mienne, il est vraisemblable que le Directoire me nommera sur-le-champ à quelque poste éloigné, qui exigera peut-être un prompt départ..... Je t'en conjure, écris sur-le-champ à ta mère pour lever toute difficulté; dis-lui de me laisser la plus grande latitude pour déterminer l'époque de ce moment fortuné. J'ai l'entier consentement, j'ai l'aveu de ma jeune amie; pourquoi ajourner ces nœuds que l'amour le plus délicat a formés? Mon cher Bonaparte, aide-moi à vaincre ce nouvel obstacle; je compte sur toi.

« Mon ami, je t'embrasse et suis à toi et à elle pour la vie. Adieu.

« FRÉRON. »

Bonaparte ne se hâta pas de répondre ; et, pendant ces délais, une maîtresse de Fréron (peut-être la mère des deux enfants dont j'ai parlé plus haut), qui avait eu vent de ce projet d'union, vint tout gâter. Presque en même temps, Fréron fut rappelé à Paris ; mais une correspondance s'établit entre lui et Pauline, correspondance que M. de Cayrol a communiquée, en 1836, à la *Revue rétrospective*. Les lettres de la jeune fille sont surtout charmantes, pleines de naïveté et de poésie dans leur abandon ; je suis certain de faire plaisir à mes lecteurs en leur en plaçant des extraits sous les yeux.

Sans date.

« Je reçois, à mon retour de la campagne, ta charmante lettre, qui m'a fait tout le plaisir possible. J'ai l'esprit plus tranquille depuis que je l'ai relue, car je ne dormais pas, même à la campagne, où l'on essayait de me distraire par toutes sortes d'amusements. Il ne s'en est guère fallu que tu n'aies perdu ta Paulette : j'ai tombé dans l'eau en voulant sauter dans le bateau; heureusement, on m'a secourue à temps. Que cela ne t'inquiète pas; cet accident n'a eu aucune suite. L'eau que j'ai bue dans la rivière n'a pas refroidi mon cœur pour toi. *Addio*, *anima mia*, etc., etc. »

« Marseille, 18 messidor.

« Mon ami, tout le monde s'entend pour nous contrarier. Je vois par ta lettre que tes amis sont des ingrats; jusqu'à la femme de Napoléon que tu croyais pour toi. Elle écrit à son mari que je serais déshonorée si je me mariais avec toi, ainsi qu'elle espérait l'empêcher. Que lui avons-nous fait? Est-il possible? Tout est contre nous! Que nous sommes malheureux!... Mais que dis-je? Non, tant que l'on aime on n'est pas malheureux; nous éprouvons des contradictions, nous avons des peines, il est vrai, mais une lettre, un mot: Je t'aime! nous console des larmes que nous répandons. »

En d'autres instants, elle se préoccupe de la maîtresse de Fréron : « Ta lettre m'a vivement affectée à cause de ce que tu me dis de cette femme. Je me mets à sa place, et je la plains... Je suis bien inquiète de savoir le résultat de cette femme. » Ailleurs : « Je ne te parle plus de ta maîtresse; tout ce que tu dis me rassure. Je connais la droiture de ton cœur et approuve les arrangements que tu prends à cet égard. »

Cependant Fréron commençait à s'alarmer; il s'adressa à Lucien, alors commissaire des guerres, et Lucien lui répondit : « J'ai vu Napoléon à Milan, mais si peu, et si occupé, qu'aucune nouvelle de famille n'a été discutée entre nous. Son objet l'occupe si exclusivement qu'il est impossible avec lui de se livrer au moindre détail. »

Enfin, entre deux victoires, Bonaparte se prononça définitivement. Il refusa Fréron pour beau-frère.

Ce que cette décision causa de rage à

Stanislas, on peut se l'imaginer; ce qu'elle coûta de pleurs à Pauline, on en aura une idée par la lettre touchante qu'elle écrivit à Bonaparte.

Sans date.

« J'ai reçu votre lettre : elle m'a fait la plus grande peine; je ne m'attendais pas à ce changement de votre part. Vous aviez consenti à m'unir à Fréron. D'après les promesses que vous m'aviez faites d'aplanir tous les obstacles, mon cœur s'était livré à cette douce espérance, et je le regardais comme celui qui devait remplir ma destinée. Je vous envoie sa dernière lettre; vous verrez que toutes les calomnies qu'on a débitées contre lui ne sont pas vraies.

« Quant à moi, je préfère plutôt le malheur de ma vie que de me marier sans votre consentement et m'attirer votre malédiction. Vous, mon cher Napoléon, pour lequel j'ai toujours eu l'amitié la plus tendre, si vous étiez témoin des larmes que votre lettre m'a fait répandre, vous en seriez touché, j'en suis sûre. Vous de qui j'attendais mon bonheur, vous voulez me faire renoncer à la seule personne que je puis aimer.

«Quoique jeune, j'ai un caractère ferme ; je sens qu'il m'est impossible de renoncer à Fréron, après toutes les promesses que je lui ai faites de n'aimer que lui ; oui, je les tiendrai ; personne au monde ne pourra m'empêcher de lui conserver mon cœur et de recevoir ses lettres, de lui répondre, de répéter que je n'aimerai que lui. Je connais trop mes devoirs pour m'en écarter, mais je sais que je ne sais pas changer suivant les circonstances.

« Adieu, voilà ce que j'ai à vous dire. Soyez heureux, et, au milieu de ces brillantes victoires, de tout ce bonheur, rappelez-vous quelquefois de la vie pleine d'amertume et des larmes que répand tous les jours

« P. B. »

Là s'arrêta ce roman.

Quelque temps après, Lucien Bonaparte, revenant d'Allemagne, adressait d'affectueuses et sincères condoléances au futur éconduit, et il lui exprimait hautement une estime sur laquelle je suis heureux de m'appuyer : « Je te suis attaché, non pas parce que je te dois de la reconnaissance, mais parce que *ton caractère, ton cœur et la supériorité de tes talents* t'ont concilié à jamais mon estime et mon amitié!... Adieu, mon cher Fréron; le torrent peut nous rapprocher... »

Le torrent éleva l'un et engloutit l'autre. L'existence politique de Fréron était finie. Après avoir essayé vainement de ressaisir un peu de cette popularité dont il avait tant joui, il retomba dans l'obscurité. Ajoutons : dans la pauvreté; cela est tout à son honneur. Il n'obtint du souvenir de Bonaparte qu'une place infime dans l'administration des hospices, tout juste ce qu'il faut pour ne pas mourir de faim. Il s'en contenta pendant quelque temps; puis, sur ses demandes plus énergiques, il fut désigné pour une des sous-préfectures de Saint-Domingue.

En 1802, un vaisseau appelé *l'Océan* sortait de la rade de Brest; il portait à son bord le général Leclerc et sa femme, Pauline Bonaparte. Il portait Esménard et Norvins. Il portait Stanislas Fréron. La destinée a de ces rencontres. Quelles durent être les pensées des deux amants en se retrouvant d'une si étrange manière?...

Et, comme si la fatalité avait voulu jusqu'au bout unir le sort des Royou à celui des Fréron, en dépit d'eux-mêmes, le vaisseau emportait aussi Claude Royou, un des nombreux oncles de Stanislas, et Frédéric Royou, le fils de l'avocat Corentin.

Peu de temps après son débarquement à Saint-Domingue, Fréron mourut, tué par le climat, disent les uns; massacré par les nègres, selon les autres; empoisonné dans un festin, murmurent de plus informés.

Aujourd'hui, le nom de Fréron est complétement éteint.

FIN.

TABLE DES MATIÈRES.

	Pages.
Voyage à Quimper	1
L'abbé Fréron. — Le chevalier Fréron. — La comtesse Fréron	4
Voltaire	12
Première représentation de *l'Écossaise*	21
Fréron et les comédiens	43
La Clairon	56
Fréron dans la vie privée	62
Retour en Bretagne	88
Dernières années de Fréron	102
Après sa mort	108
Fréron fils	114

132 — Paris, impr. Jouaust et fils, rue S.-Honoré, 338.

www.ingramcontent.com/pod-product-compliance
Ingram Content Group UK Ltd.
Pitfield, Milton Keynes, MK11 3LW, UK
UKHW022113260726
13993UKWH00001B/496